진정한 교제

네비게이토 선교회는
국제적이며 복음적인 기독교 기관이다.
예수 그리스도께서는 자기를 따르는 자들에게
"너희는 가서 모든 족속으로 제자를 삼으라"
(마태복음 28:19)는 지상사명을 주셨다.
네비게이토 선교회는 세계 모든 국가에서
예수 그리스도의 일꾼들을 배가시켜
이 지상사명의 성취를 돕는 것을
근본 목표로 하고 있다.

네비게이토 출판사는
네비게이토 선교회의 문서 선교를 담당하고 있다.
본 출판사에서는 그리스도인의 영적 성장을 돕는
서적과 자료들을 출판하여,
그리스도인의 삶의 기초가 견고한
헌신된 제자로 성장하게 하고,
나아가 성숙한 인격과 지도력을 갖춘
일꾼이 되도록 돕고 있다.

Translated by permission
Title originally published in English as
THE CRISIS OF CARING by NavPress
Copyright © 1985 by Jerry Bridges
Korean Copyright © 1995, 2022
by Korea NavPress

T·H·E CRISIS OF CARING

RECOVERING THE MEANING OF TRUE FELLOWSHIP

Jerry Bridges

네비게이토 출판사
TO KNOW CHRIST AND TO MAKE HIM KNOWN

**기도와 물질로 나와 함께 사역에 동참한
사랑하는 친구들에게 이 책을 바칩니다.**

내가 너희를 생각할 때마다 나의 하나님께 감사하며,
간구할 때마다 너희 무리를 위하여 기쁨으로 항상 간구함은
첫날부터 이제까지 복음에서 너희가 교제함을 인함이라.

빌립보서 1:3-5

차 례

머리말 ·································· 9
1. 교제란 무엇인가 ····················· 13
2. 하나님과의 연합 ····················· 25
3. 하나님과의 친교 ····················· 45
4. 유기체적 공동체로서의 교제 ·········· 67
5. 영적 교제 ··························· 79
6. 복음에 참여함 ······················ 101
7. 영적 은사의 교제 ··················· 113
8. 물질을 나눔 ······················· 141
9. 전임 사역자들을 지원함 ············· 157
10. 고난의 교제 ······················ 165
11. 섬김의 교제 ······················ 181
12. 사교적 교제 ······················ 197

머리말

오늘날 그리스도의 몸 된 교회 안에 위기가 있습니다. 교제의 위기입니다. 많은 그리스도인들이 다음과 같은 다윗의 부르짖음에 금방 동일시할 것입니다. "내 우편을 살펴보소서. 나를 아는 자도 없고 피난처도 없고 내 영혼을 돌아보는 자도 없나이다"(시편 142:4). 아무도 나에게 관심 갖지 않으며 나를 돌아보지 않는다는 것입니다. 우리는 모두 너무 바쁘고 자신의 일에 빠져 있는 나머지 서로 고립되어 있습니다. 서로 마주칠 때면 "안녕하세요? 잘 지내세요?" 하고 묻지만 상대방에 대한 진정한 관심에서 그런 질문을 하는 것이 아닙니다. 단지 인사치레로 할 뿐입니다. 이런 사실을 알기에 상대방도 그저 인사조로 "예, 잘 지냅니다" 하고 지나갑니다. 표현은 다정할지 몰라도 내용은 비어 있습니다. 빈말로 물으니 빈말로 대답할 뿐입니다. 만약 잘 지내느냐는 물음에 상대방이 진지한 얼굴로 "정말 내 사정을 알고 싶으세요?" 하고 반문해 온다면 아주 당황하게 될 것입니다.

이러한 피상적이고 공허한 관계 뒤에 있는 원인이 무엇일까요? 왜 교회 안에 교제의 위기가 있습니까? 여러 가지 이유가 있겠지만, 가장 중요한 것을 하나 든다면, 우리 그리스도인들이 신약성경에서 가르쳐 주고 또 초대 교회에서 실천된 것과 같은 '진정한 교제'의 의미를 모르고 있기 때문이라고 생각합니다.

오래 전의 일입니다. 한번은 어느 기관에서 '코이노니아(koinonia)'라는 주제로 수양회를 개최하는데 말씀을 전해 달라는 요청을 해 왔습니다. 그래서 "그래요? 교제에 관하여 말씀을 전해 달라는 것이지요?"라고 했더니, "아니에요. '코이노니아'에 대해 말씀을 전해 주세요"라고 정정하는 것이었습니다. 그러면서 "교제라는 말이 오늘날 그 의미가 아주 약화되어 있어서 더 이상 신약성경의 의미를 제대로 전달해 주지 못하고 있기 때문이에요"라고 덧붙였습니다.

그 말에 자극을 받아 신약성경에 나타난 교제에 대해 깊이 공부하게 되었고, 이를 통해 놀라운 교훈을 배울 수 있었습니다. 당시 교회에 널리 퍼져 있던, 교제에 대한 개념은 단지 그리스도인들이 함께 모여 다과를 들며 서로 이야기를 나누는 정도였습니다. 그때까지만 해도 내가 가지고 있던 교제의 개념은 그래도 성경적이라고 생각해 왔는데, 사실은 놓치고 있는 내용이 많았고, 성경에 나타나 있는 교제의 의미에 비하면 많이 제한되어 있었음을 깨닫게 되었습니다.

초대 교회에서 실천한 교제의 의미를 깊이 알아 가면서 차츰 다른 그리스도인들에 대한 나의 태도와 의식이 변화되기 시작했습니다. 아직도 바뀌어야 할 부분이 많이 있습니다. 그 공부를 통해 깨달은 놀라운 진리를 실제 삶에 적용하기 위해 계속해서 애쓰고 있습니다.

나는 성경공부를 통해 발견한 내용을 독자들과 나눔으로써, 내 자신이 계속 진정한 의미의 교제를 삶에서 실천하고자 하는 의지를 굳게 하고 싶었습니다. 나아가 다른 그리스도인들 역시 성경적인 교제의 의미를 알고 실천함으로써 교제의 유익을 풍성히 누렸으면 하는 마음이 간절합니다.

이 책을 쓰는 과정에서 많은 사람들이 이모저모로 도와주었는데, 이 모든 분에게 감사드립니다. 적합한 단어가 떠오르지 않아 고심할 때 기도해 주기도 했고, 부족한 원고의 내용을 읽고 조언하며 바로잡아 주기도 했습니다. 이 책을 짓는 과정 그 자체가 성경적인 교제의 의미가 무엇인지를 구체적으로 보여 주었습니다.

1
교제란 무엇인가

> 저희가 사도의 가르침을 받아 서로 교제하며
> 떡을 떼며 기도하기를 전혀 힘쓰니라.
> 사도행전 2:42

초대 교회의 모습을 표현하고 있는 이 말씀은 교제의 중요성을 잘 보여 줍니다. 오순절 전도를 통해 많은 사람이 새로이 예수님을 믿게 되었습니다. 이들은 함께 모여 사도들의 가르침을 받고 서로 교제하며 떡을 떼며 기도하는 일에 전적으로 힘썼습니다.

그들이 사도들의 가르침을 받는 일에 헌신적으로 임하였다는 사실은 그리 놀랄 일이 아닙니다. 신자들이 함께 모였을 때 사도들의 가르침을 받는다는 것은 당연한 일이기 때문입니다. 또 이 새 신자들이 기도하기를 힘썼다는 것도 당연한 일입니다. 왜냐하면 하나님의 말씀과 기도는 새 신자의 믿음을 굳게 세워 주는 데 아주 중요한 수단이 되기 때문입니다.

그런데 이 새 신자들이 헌신적으로 힘쓴 일 중에 교제가 있습니다. 그들은 서로 교제하기를 전혀 힘썼습니다. 그리스도인의 교제에 자신을 헌신한 것입니다. 단지 교제를 가진 정도가 아니라 교제에 자신을 헌신하였습니다. 말씀을 듣고 기도하는 일과 더불어 그리스도인의 교제를 삶에서 최우선순위에 두었다는 말입니다.

요한일서 1:3에서 다음과 같이 말씀합니다. "우리가 보고 들은 바를 너희에게도 전함은 너희로 우리와 사귐이 있게 하려 함이니 우리의 사귐은 아버지와 그 아들 예수 그리스도와 함께함이라." 여기서 "너희로 우리와 사귐이 있게 하려 함이니"라는 말씀에 주목하기 바랍니다. 사도 요한이 이렇게 말한 까닭이 무엇일까요? 교제에만 관심이 있고 영적 성장에는 관심이 없어서일까요? 신자들이 구원의 확신 가운데 하나님의 말씀에 순종하는 삶을 살기를 원하지 않아서일까요? 그렇지 않습니다. 그러면 왜 사도 요한은 교제에 대하여 그토록 관심을 가졌을까요?

오늘날 우리의 모습을 한번 살펴봅시다. 우리 역시 교제에 관심을 갖고 있습니다. 많은 교회에 혹 이름은 다를지라도 이른바 '교제실'이 있습니다. 교회에서는 그곳이 여러 가지 용도로 사용됩니다. 그 교제실이 교회의 주방 옆에 있다는 사실 자체가 그곳의 첫째가는 용도가 무엇인지를 잘 보여 줍니다. 그곳은 행사나 모임이 있을 때 음식을 먹으며 교제를 하는 곳입니다. 교인들은 그곳에서 다과를 들며 대화를 즐깁니다. 아주 인기 있는 곳입니다.

그렇습니다. 오늘날의 그리스도인들도 초대 교회 신자들처럼 교제에 힘쓰고 있습니다. 단, 한 가지 문제가 있다면, 교제의 성경적 의미를 제대로 몰라서, 음식을 먹으며 즐거운 대화를 나누는 것을 교제의 전부처럼 생각하고 있다는 점입니다. 결국 우리는 잘못된 것을 힘쓰고 있는 셈입니다.

성경에서 보여 주고 있는 교제는 그리스도인의 사교 활동 훨씬 그 이상의 것입니다. 그리스도인들이 함께 음식을 들거나, 기독교적인 분위기 속에서 놀이를 한다거나, 지난주에 있었던 일을 서로 나누며 이런저런 이야기를 하는 것 그 이상입니다. 그리스도인의 교제에서 이런 것을 해서는 안 된다는 의미가 아닙니다. 다만 그것이 진정한 의미의 교제는 아니라는 사실입니다. 그것이 올바른 목적으로 사용된다면 교제에 기여할 수도 있으나, 그 자체만으로는 교제가 아닙니다.

많은 그리스도인들이 교제의 성경적 개념에는 더욱 깊고 풍부한 의미가 있다는 사실을 알고 있습니다. 교제가 단순히 사교적 활동이라는 개념에 만족하지 않습니다. 종종 "함께 가서 교제합시다"라는 말을 자주 듣곤 합니다. 그 말은 "함께 가서 성경 말씀에서 배운 것을 서로 나누고 함께 기도하는 시간을 가집시다"라는 의미입니다. 그들은 교제하면서 하나님께서 각자의 삶에서 어떻게 역사하셨는지를 서로 나눕니다. 이것은 분명 중요한 영적 활동이며 성경적인 교제의 일부입니다. 그러나 이것만이 신약성경에서 보여 주고 있는 교제의 전부는 아닙니다.

우리가 만약 신약성경에서 보여 주고 있는 교제의 온전한 의미를 깨닫게 된다면, 사도행전 2:42에 있듯이 초대 교회 그리스도인들이 교제에 헌신한 이유를 이해하게 될 것입니다. 또한 사도 요한이 "너희로 우리와 사귐이 있게 하려 함이니"라고 말하면서 교제하기를 그토록 원한 이유를 이해하게 될 것입니다. 그리고 교제를 단지 그리스도인의 사교적 활동으로 생각할 때 신약성경적인 교제의 의미는 완전히 상실된다는 사실을 깨닫게 될 것입니다.

교제에 해당하는 헬라어는 신약성경에서 참여, 협력, 나눔, 교제 등 여러 가지로 번역되고 있습니다. 이처럼 교제의 다양한 의미는 다음과 같이 크게 두 가지 의미로 요약할 수 있습니다. 첫째는 공동의 참여 또는 협력이라는 의미에서 '함께 나누다[공유]'요, 둘째는 자신이 가지고 있는 것을 다른 사람들에게 나눈다는 의미에서 '나눠 가지다[분유]'입니다.

유기체적 관계

위의 두 가지 의미는 다시 각각 둘로 나눌 수 있습니다. 공동의 참여라는 의미에서 '함께 나눈다'는 것은 우선적으로 우리가 신자로서 그리스도 안에서 맺고 있는 '관계'를 의미합니다. 이것이 바로 사도 요한이 초청한 교제입니다. "우리가 보고 들은 것을 여러분에게 선포하는 것은 여러분과 우리가 공동의 생명을 함께 나누려고 하는 것이며, 우리는 아버지와 그 아들 예수 그리스도와 그 생명을 함께 나누고 있습니다"(요한일서 1:3, New

English Bible). 교제는 다른 신자들과 공동의 생명을 나누는 것이며, 그 생명은 우리가 하나님 아버지와 그 아들과 함께 나누고 있는 것입니다. 그런 의미에서 볼 때 교제란 근본적으로 '관계'이지 단지 '활동'이 아닙니다.

사도행전 2장에 나오는 초대 교회 그리스도인들은 사교적 활동에 자신을 드린 것이 아니라 '관계'에 자신을 드렸습니다. 그 관계는 성령의 내주하심으로 말미암아 하나님의 생명을 함께 나눔으로써 이루어진 관계입니다. 그들은 어떤 조직에 참여함으로써가 아니라 예수 그리스도를 믿음으로 말미암아 이 관계를 맺었다는 사실을 알고 있었습니다. 하나님과 그들의 관계가 그들 상호간의 교제로 이끌었다는 사실을 깨달았습니다. 그리스도와의 연합을 통하여 그들은 영적으로 하나의 유기체적 공동체를 형성하게 되었습니다. 하나하나가 영적인 집으로 지어져 가는 산 돌들이었습니다(베드로전서 2:5). 그리스도의 몸의 지체들이었습니다. 그러므로 교제는 기본적으로 하나의 '공동체적 관계'입니다. 이미 말했듯이 본질적으로 하나의 활동이 아니라 하나의 관계입니다.

교제란 무엇보다 먼저 신자들 간의 유기체적인 관계라는 이 사실을 놓치게 되면, 진정한 성경적 교제의 가장 중요한 면을 놓치게 됩니다. 우리는 그리스도의 몸 안에서 서로에게 속해 있습니다. 이러한 유기체적인 관계에는 특권과 아울러 또한 책임이 따릅니다.

동역 관계

교제는 또한 공동의 협력 또는 제휴라는 의미에서 함께 나누는 것을 의미합니다. 교제라는 말은 사업상의 동업 관계를 표현할 때도 사용되었습니다. 누가복음 5:10에 보면 베드로와 요한과 야고보는 '동업자'라고 하였는데, 여기에 '코이노니아'라는 말이 사용되었습니다.

영적인 면에서 교제가 사용된 예를 몇 가지 살펴봅시다. 바울은 사랑하는 친구 빌레몬과의 관계를 "동무"라고 표현했으며(빌레몬 1:17), 빌립보 성도들이 복음 안에서 교제함을 인하여 하나님께 감사드렸습니다(빌립보서 1:5). 그리고 바울이 예루살렘에 가서 할례에 관하여 율법주의자들과 논쟁을 할 때, 야고보와 베드로와 요한이 바울과 바나바에게 교제의 악수를 하였습니다(갈라디아서 2:9). 이처럼 신약성경에서는 교제를 영적인 동역 관계로 표현하고 있습니다.

'관계'라는 말이 신자들이 하나의 유기체적 공동체를 형성하고 있음을 나타내고 있다면, '동역'이라는 말은 신자들을 사업을 하는 사람으로 나타내고 있습니다. 사업상의 동업은 항상 어떤 공동 목표를 성취하기 위해 이루어집니다. 그 목표란 대개 동업자들에게 경제적 이윤을 제공하고 나아가 사회에 봉사하며 기여하는 것입니다. 동일하게 영적인 동역 관계도 하나님을 영화롭게 하려는 목표를 성취하기 위해 이루어집니다. 모든 신자는 공동체적 관계 안에서 함께 연합되어 있을 뿐 아니라, 하나님을 영화롭게 하기 위하여 형성된 동역 관계 안에서 함께 연합되어 있습니다. 하나님께서는 우리가 그리스도를 닮아 가는 면에서 계속 성장하고 불신자들을 하나님의 나라로 인도할 때 영광을 받으십니다. 그러므로 성경적인 교제에는 복음의 진보와 신자들을 세워 주는 일을 위해 협력하는 것이 포함되어 있습니다.

다른 그리스도인들과의 친교

교제의 두 번째 의미는 우리가 가지고 있는 것을 다른 사람들과 나누어 가지는 것입니다. 이것 역시 두 가지 의미를 지니고 있습니다. 그 첫째가 그리스도인 상호 간의 친교라고 할 수 있습니다. 친교란 주님과의 친교를 의미하기도 하지만, 여기서는 그리스도인 상호 간에 개인적으로 친밀하게 서로 마음을 주고받으며 영적인 대화를 나누는 것을 의미합니다. 서로 나누는 내용은 다양합니다. 하나님께서 각자에게 성경 말씀을 통해 가르쳐 주신 내용일 수도 있고, 어떤 문제에 대한 상담일 수도 있으며, 힘을 북돋아 주는 격려의 말일 수도 있습니다. 핵심 요소는 서로 나누는 내용이 하나님께 초점이 맞추어져 있어야 한다는 점입니다. 친교란 첫째로 하나님께서 자기 자신에 대하여 우리에게 알려 주신 내용을 다른 그리스도인들과 나누는 것입니다. 이를 통해 우리는 그들로 하여금 하나님을 더 잘 알도록 돕게 되며, 또한 그들로 하여금 하나님과의 교제를 더욱 깊고 풍성하게 갖도록 해 줍니다. 흔히 "함께 교제를 가집시다"라고 말할 때 염두에 두고 있는 교제가 바로 이것입니다.

사도행전 2:5-11에 보면, 오순절날 예수 그리스도를 믿고 교회를 형성한 초대 교회 신자들은 "천하 각국"에서 왔습니다. 예수님을 믿기 전 그들의 관계는 마치 당구대 위의 당구공과 같았습니다. 끊임없이 서로 부딪치고 튕겨 나가고 했을 것입니다. 그러나 그리스도의 몸이라는 유기체적 공동체 관계를 맺은 후 그들은 교제를 경험했습니다. 그 결과 교제가 그들의 삶에 주는 의미를 소중히 여기게 되었고, 그래서 교제에 자신을 드렸던 것입니다. 그들은 끊임없이 만나 사도들의 가르침을 듣고 공동의 생명을 나누었습니다(사도행전 2:42 참조).

오순절날 생긴 그 첫 그리스도인들은 모두 구약성경을 믿고 있었습니다. 사도들의 가르침을 귀 기울여 듣고 성령의 비췸을 받아 그들은 구약성경을 새로운 시야로 보게 되었습니다. 성경에 대하여 날마다 새로운 깨달음을 얻게 되었습니다. 그리고 사도들의 가르침을 받고 각자가 깨달은 것을 서로 나누었습니다. 하나님께서 성경을 통해 가르쳐 주신 바를 서로 나누는 것, 이것이 교제입니다.

오늘날의 교제 개념과는 얼마나 다른지 모릅니다. 오늘날의 이른바 '다과 교제'와 비교해 보십시오. 많은 그리스도인들이 '다과 교제' 때에 하나님의 말씀만 빼고 모든 것을 이야기합니다. 직장이나 가정일, 공부, 옷, 스포츠, 날씨 등에 대해서는 열심히 이야기합니다. 그러면서도 하나님께서 성경 말씀을 통해 각자에게 가르쳐 주신 것과 각자의 삶 속에서 역사하신 것에 대해서는 나누지 않습니다. 이제 교제에 대한 성경적 개념을 회복할 때입니다. 교제란 단지 그리스도인들끼리 모여 차를 마시며 한담하는 시간이 아닙니다. 그렇다고 그리스도인들이 모여 커피 등을 마시며 일상적인 일을 서로 나누어서는 안 된다는 의미가 아닙니다. 다만 잡담하는 것으로 끝나서는 안 된다는 의미입니다. 교제를 통해 하나님과의 관계에서 더욱 도전과 격려를 받으며, 서로 간의 영적 관계를 더욱 깊게 하는 일이 있어야 하는 것입니다.

물질적 소유를 나눔

초대 교회 신자들의 삶을 살펴보면, 교제를 영적인 것만을 나누는 데 국한시키지 않았다는 사실을 알 수 있습니다. 그들은 또한 어려운 처지에 있는 신자들과 자신의 물질적 소유물을 나누었습니다(사도행전 2:44-45).

신약성경에서 교제의 아주 일반적인 용례 중의 하나가 바로 다른 사람들과 물질적 자원을 나눈다는 이러한 의미입니다. 예를 들면, 로마서 12:13에서는 "성도들의 쓸 것을 공급하라"라고 하였고, 고린도후서 9:13에 보면 모든 사람을 섬기는 고린도 교회의 후한 연보를 인하여 하나님께 영광을 돌렸습니다. 히브리서 13:16에서는 "오직 선을 행함과 서로 나눠 주기를 잊지 말라.

이 같은 제사는 하나님이 기뻐하시느니라"라고 권면합니다. 이와 같이 자신의 소유물을 다른 사람과 기꺼이 나누어 가지는 것은 진정한 성경적 교제의 아주 중요한 일면입니다

성경적인 교제란 유기체적 관계와 동역을 모두 포함한다는 사실을 깨달을 때 자연스럽게 나타나는 결과가 자신의 소유물을 다른 사람들과 함께 나누어 갖는 것입니다. 몸의 각 지체가 서로에 대하여 관심을 갖는 것은 당연합니다(고린도전서 12:25-26). 우리 각자가 같은 몸의 지체로서 얼마만큼이나 지체 의식을 갖느냐에 따라 몸 안의 다른 지체에 대한 관심의 정도가 결정됩니다. 우리는 그리스도의 몸이라는 영적 유기체에서 공동체 관계를 형성하고 있습니다. 따라서 궁핍한 자들과 우리의 소유물을 나누는 것은 그들을 불쌍히 여겨 은혜를 베풀어 주는 것 훨씬 그 이상입니다. 궁핍한 처지에 있는 사람을 불쌍히 여겨 도와주는 것은 불신자들도 하기 때문입니다. 우리가 몸 안의 지체들과 자신의 소유물을 나누는 것은 서로 유기체적 공동체 관계를 맺고 있다는 분명한 인식에서 나옵니다. 몸 안의 한 지체가 고통을 당하면 다른 모든 지체도 고통을 당하듯이, 이 영적 공동체 안에서도 한 사람이 고통을 당하면 다른 사람도 고통을 당한다는 사실을 분명히 깨달을 때 자연스럽게 자신의 물질적 소유를 서로 나누게 됩니다. 예를 들어, 부모가 자녀의 필요를 채워 줄 때 그 행위를 자선 행위로 보지 않고 '부모와 자녀'라는 관계의 표현으로 봅니다. 부모로서 자녀의 필요를 채워 주는 것은 특권인 동시에 책임입니다. 마찬가지로 신자들도 같은 몸의 지체로

서 자신의 소유물을 서로 나눌 특권과 책임을 지니고 있습니다.

사업상의 동업 관계에서도 마찬가지입니다. 동업자들은 모든 수입과 지출을 함께 나눕니다. 자산뿐 아니라 부채도 함께 나눕니다. 한 사람은 모든 이익을 갖고, 한 사람은 모든 빚을 떠맡는 그런 동업 관계는 없습니다. 좋은 것이든 나쁜 것이든 모두 함께 나눕니다. 그리스도인의 교제에서도 이렇게 되어야 마땅합니다. 우리는 복음 안에서 동역자이기에 서로 함께 나누어야 합니다. 우리의 소유물에 대하여 우리는 소유주가 아닙니다. 다만 하나님께서 우리에게 잠시 맡겨 주신 것일 뿐입니다. 주신 것이 아니라 맡겨 주신 것입니다. 따라서 우리는 그 소유물의 청지기일 뿐임을 깨달아야 합니다.

고린도후서 8:13-14에서 이러한 동역[협력] 관계를 봅니다. "이는 다른 사람들은 평안하게 하고 너희는 곤고하게 하려는 것이 아니요 평균케 하려 함이니, 이제 너희의 유여한 것으로 저희 부족한 것을 보충함은 후에 저희 유여한 것으로 너희 부족한 것을 보충하여 평균하게 하려 함이라." 그리스도의 몸 안에서 물질적으로 풍족한 사람으로부터 부족한 사람에게로 소유물의 계속적인 이동이 있습니다. 이것이 교제의 한 가지 결과요 진정한 교제의 중요한 표현입니다.

바울은 고린도 성도들에게, 만난 적도 없고 또 앞으로 만날 가능성도 거의 없는 예루살렘의 가난한 성도들을 돕는 교제에 참여하도록 권면하고 있습니다. 그들은 그리스도 안에서 같은 생명을 함께 나눈 지체들로서 다른 지체들의 필요를 채우기 위해 자기의 소유물을 나눌 작정이었습니다.

앞에서 신약성경에서 말하는 교제에는 다음 네 가지 면이 있음을 살펴보았습니다. 이 네 가지는 서로 관련되어 있습니다.

유기체적 공동체 관계
동역 또는 동업
친교
물질적 소유물을 나눔

첫 두 가지는 '함께 나누는 것' 즉 공유의 의미에서의 교제이며, 나머지 두 가지는 '함께 나누어 가지는 것' 즉 분유의 의미에서의 교제입니다. 영적인 것이든 물질적인 것이든 자기가 가지고 있는 것을 무엇이든지 서로 나누어야 하는 까닭은 우리가 그리스도 안에서 같은 생명을 함께 나누고 있기 때문입니다.

앞으로 교제의 이 네 가지 표현에 포함된 의미를 하나씩 살펴보고자 합니다. 그러나 그 전에 그리스도인의 교제의 기초인 하나님과의 교제를 살펴보도록 하겠습니다. 이 기초를 놓는 시간을 갖는 것은 참으로 중요합니다. 그 이유는 우리가 하나님과의 생명력 있는 친밀한 교제를 개인적으로 경험하고 있지 않으면 다른 그리스도인들과 의미 있는 교제를 가질 수 없기 때문입니다.

2

하나님과의 연합

> 너희를 불러 그의 아들 예수 그리스도 우리 주로
> 더불어 교제케 하시는 하나님은 미쁘시도다.
> 고린도전서 1:9

'관계'라는 말을 들으면 어떤 의미가 다가옵니까? 어떤 객관적인 사실이 먼저 떠오릅니까, 아니면 주관적인 경험이 떠오릅니까? 예를 들어, "나는 내 아들과 관계가 좋다"라고 말할 때 그 의미는 무엇입니까? 분명, 아들과 나 사이에 일어나고 있는 일들이 긍정적인 상태에 있음을 의미합니다. 이 말은 곧 나의 주관적인 경험을 이야기하고 있는 것입니다. 관계라는 말을 사용할 때 사람들은 흔히 이런 식으로 사용합니다. 우리는 그리스도의 몸 안에서의 관계의 중요성에 대해 자주 언급합니다. 이 경우에는 그리스도인들이 서로 알아 가며 사랑하고 용납하며 격려하는 것이 중요함을 강조하고 있습니다. 이러한 관계적 행동은 모두 일상생활에서 타인과의 관계에서 경험한 것을 이야기하고 있습니다.

그러나 관계의 가장 기본적인 의미는 하나의 객관적인 사실과 연관되어 있습니다. 예를 들어, 한 남자와 한 여자가 결혼하면 그들은 부부라는 관계를 맺게 됩니다. 세월이 지남에 따라 그 관계가 좋을 때도 나쁠 때도 있지만[주관적 경험], 그들이 삶에서 무엇을 경험하든지 그들이 부부라는 관계를 가지고 있다는 점[객관적 사실]은 변함이 없습니다.

1장에서 교제는 무엇보다 먼저 객관적 사실로서의 관계의 의미를 지니고 있음을 살펴보았습니다. 모든 신자는 그리스도 안에서 같은 생명을 함께 나누고 있다는 의미에서 서로 뗄 수 없는 관계에 있습니다. 신자들 상호 간의 경험적 관계는 그들의 객관적 관계에서부터 비롯됩니다. 서로 교제 가운데 있는[객관적 사실] 자만이 서로 교제를 가질[주관적 경험] 수 있는 것입니다.

관계의 이러한 객관적 사실이 신자들 간의 교제의 기초가 되듯이, 그것은 또한 하나님과의 교제의 기초가 되기도 합니다. 우리가 하나님과 경험적인 관계를 즐길 수 있으려면 먼저 하나님과의 객관적이고 살아 있는 관계를 맺어야 합니다. 매일매일 하나님과 교제를 가질 수 있으려면 먼저 그리스도를 믿음으로 말미암아 하나님과 연합되어 있어야만 합니다.

하나님과의 진정한 교제에는 하나님과의 객관적 관계와 경험적 관계가 둘 다 포함되어 있습니다. 교제의 이 두 측면을 하나님과의 연합과 친교라 부릅니다. 하나님과의 교제를 생각할 때 이 두 면을 모두 살펴보아야 합니다. 그리스도와 우리와의 객관적인 연합을 올바로 이해할 때만이 그리스도와의 친교의 기쁨을 온전히 경험할 수 있게 됩니다.

그리스도의 생명을 나눔

고린도전서 1:9에서는 다음과 같이 말씀합니다. "너희를 불러 그의 아들 예수 그리스도 우리 주로 더불어 교제케 하시는 하나님은 미쁘시도다." 흔히 이 구절을 경건의 시간의 기초가 되는 말씀으로 사용하곤 합니다. 하나님께서는 하나님의 아들 예수 그리스도와 교제를 갖도록 우리를 부르셨습니다. 하지만 여기서의 교제가 경건의 시간 자체를 가리키는 것은 아닙니다. 여기서의 교제는 이른바 경건의 시간보다 훨씬 더 큰 의미를 담고 있습니다. 곧 하나님께서는 우리를 '그리스도와의 관계'로 부르신 것입니다. 바로 앞인 8절에서 이렇게 말씀합니다. "주께서 너희를 우리 주 예수 그리스도의 날에 책망할 것이 없는 자로 끝까지 견고케 하시리라." 고린도 성도들은 예수님께서 다시 오시는 날 흠 없이 주님 앞에 서게 될 것을 보증받았습니다. 이러한 보증은 9절에 있는 바와 같이 하나님께서는 미쁘신 분이시라는 사실에 근거합니다.

이 구절에 관하여 성경학자인 프레데릭 그로세이데는 이렇게 말했습니다. "9절의 '교제'라는 단어는 8절의 '책망할 것이 없는'이라는 말을 이해하는 실마리입니다. 고린도 성도들이 그리스도의 날에 책망할 것이 없는 자가 되는 것이 어떻게 가능합니까? 그들이 그리스도와의 관계 가운데 있고 그리스도의 사역의 열매를 나누어 갖고 있기 때문입니다." 매슈 헨리는 이렇게 풀었습니다. "우리를 그리스도와의 친밀하고 사랑스런 관계로, 그리스도와의 달콤하고 친밀한 친교로 이끄신 하나님께서는 신실하십니다." 찰스 하지는 이렇게 말했습니다. "교제란 연합과 친교를 포함합니다. 원어에서는 참여를 의미합니다. 우리는 그리스도를 나누어 갖는 자로 부르심을 받았습니다. 그리스도의 몸의 지체로서 그리스도의 생명을 나누어 갖는 자로 부르심을 받은 것입니다."

따라서 '교제'라는 단어는 고린도전서 1:9 말씀과 같이 그리스도와의 연합과 친교를 둘 다 포함합니다. 하지만 우선적으로 생각해야 하는 것은 하나님과의 객관적인 관계인 연합입니다. 그리스도를 믿음으로 말미암아 우리는 그리스도의 몸의 지체가 되었습니다. "그리스도의 몸"이라는 표현은, 아무개의 집, 아무개의 자동차와 같이 단지 소유권만을 의미하는 게 아닙니다. 오히려 아무개의 손, 아무개의 심장과 같이 생명적인 연합 즉 실제로 붙어 있음을 의미합니다.

우리의 손이나 심장은 집이나 차처럼 소유권의 의미에서 단지 우리에게 속해 있는 것이 아닙니다. 손이나 심장은 집이나 차와는 달리, 우리 몸을 구성하는 절대 빠뜨릴 수 없는 부분입니다. 동일하게, 우리는 그리스도의 몸의 지체로서 그리스도께 속해 있을 뿐만 아니라, 영적으로 그리스도의 일부인 것입니다.

"우리는 그 몸의 지체임이니라"(에베소서 5:30). 그리스도께서는 우리의 생명이시며, 우리는 그리스도의 몸입니다. 우리는 모든 것을 그리스도로부터 받았습니다.

요한일서 1:3-7을 보면, 사도 요한 또한 하나님과의 교제를 일차적으로 객관적인 관계의 관점에서 바라보고 있습니다. "우리가 보고 들은 바를 너희에게도 전함은 너희로 우리와 사귐이 있게 하려 함이니, 우리의 사귐은 아버지와 그 아들 예수 그리스도와 함께함이라.… 만일 우리가 하나님과 사귐이 있다 하고 어두운 가운데 행하면 거짓말을 하고 진리를 행치 아니함이거니와, 저가 빛 가운데 계신 것같이 우리도 빛 가운데 행하면 우리가 서로 사귐이 있고 그 아들 예수의 피가 우리를 모든 죄에서 깨끗하게 하실 것이요." 이 구절에서 "사귐"이라는 말이 모두 '코이노니아'입니다.

이 구절을 다른 번역본으로도 읽어 보도록 하겠습니다. "우리가 보고 들은 것을 여러분에게 선포하는 것은 여러분과 우리가 공동의 생명을 함께 나누려고 하는 것이며, 우리는 아버지와 그 아들 예수 그리스도와 그 생명을 함께 나누고 있습니다.… 우리가 어둠 가운데 행하면서 그분의 생명을 나누어 갖고 있다고 주장한다면, 우리의 말과 삶은 거짓입니다. 그러나 그분이 빛 가운데 계신 것처럼 우리가 빛 가운데서 행한다면, 우리는 공동의 생명을 함께 나누고 있으며 또한 그의 아들 예수님의 피로 말미암아 모든 죄에서 깨끗게 함을 받고 있는 것입니다"(NEB).

사도 요한은 자신이 하나님과 가지고 있는 생명적인 관계에 초점을 맞추고 있습니다. 또한 그의 편지를 받는 사람들 역시 자기와 동일한 생명적인 관계를 갖기를 원하고 있습니다.

흔히 고린도전서 1:9와 요한일서 1:3-7에서 사용된 교제를 매일의 경건의 시간, 성경 말씀 묵상, 기도를 통한 그리스도와의 교제의 관점에서만 생각합니다. 하지만 다시 한번 강조하건대 이 구절에 있는 교제의 일차적인 의미는 그리스도와의 연합을 가리킨다는 사실입니다.

성경학자인 윌리엄 바인은 요한일서 1:3에 대해 이렇게 말합니다. "[그리스도의] 생명은 하나님을 계시하기 위해 나타났을 뿐 아니라, 구속받은 자들을 하나님과의 관계 속으로 이끌기 위해 나타났습니다." 6절에 대해서는 이렇게 말합니다. "빛 가운데서 행하기 위해서는 우리는 그분의 본성을 나누어 갖는 자가 되어야만 합니다." 7절에 대해서는 "먼저 연합이 있고 그다음 친교가 있습니다. 전자 없이 후자가 있을 수 없습니다"라고 말합니다. 또 성경학자인 도널드 버딕은 이렇게 말합니다. "신약성경의 교제는 무엇보다도 하나님과의 교제를 의미합니다. 그리스도인이 된다는 것은 하나님과 교제 가운데 있다는 것과 동일합니다." 분명 모든 그리스도인에게 해당되는 사실인 하나님과의 객관적인 관계에 대해 이야기하고 있습니다. 성경학자인 하워드 마샬은 요한일서 1:3에 대해 이렇게 말합니다. "여기에서 하나님과의 연합이라는 생각이 맨 먼저 떠오릅니다."

이 모든 것의 요점은 무엇입니까? 교제는 무엇보다도 먼저 하나님과의 관계를 의미한다는 사실입니다. 이 사실을 왜 그렇게 강조할까요? 그것은 하나님의 은혜로 말미암아 모든 신자는 바로 그리스도의 생명을 나누고 있다는 사실을 깨닫는 것이 너무도 중요하기 때문입니다. 하나님께서 우리로 매일 그분과 친교를 갖도록 우리를 부르셨다는 사실을 깨닫는 것도 놀라운 일이지만, 하나님께서 우리로 그의 아들 예수 그리스도의 생명을 실제로 나누어 갖도록 하기 위해 부르셨다는 사실을 아는 것은 훨씬 더 놀라운 일입니다.

사도 바울이 아주 좋아하는 표현 중의 하나가 "그리스도 안"이라는 말입니다. 그는 이를 통하여 신자와 그리스도 사이에 존재하는 생명적인 연합을 언급하였습니다. 예수님께서 말씀하신 포도나무와 가지의 비유, 바울이 말한 머리와 몸의 비유에서 상징적으로 표현되고 있는 것이 바로 이 연합입니다. 이 비유들은 둘 다 신자들이 그리스도와 연합되어 있다는 사실을 가르치기 위한 것이었습니다. 신자는 부활하시고 영광을 받으신 그리스도 안에 있는 모든 것에 참여하였습니다. 가지가 포도나무의 생명을 나누어 가지고 있으며, 몸이 머리의 생명을 나누어 가지고 있듯이, 신자는 "그리스도 안에" 있기 때문에 그리스도의 생명을 나누어 갖고 있습니다. 로버트 할데인은 이렇게 말합니다. "가지가 살아 있는 포도나무에 연합되어 있을 때 필연적으로 나무의 생명과 풍부한 영양을 나누어 가지듯이, 죄인이 그리스도께 연합되어 있을 때 그리스도의 측량할 수 없는 충만함으로부터 오는 거룩하게 하는 은혜를 풍성하게 공급받지 않을 수 없습니다."

우리 그리스도인들은 그리스도인의 삶을 사는 데 필요한 능력을 어디에서 얻습니까? 그 능력이 주 예수 그리스도께로부터 온다는 사실을 모두 인정할 것입니다. 우리는 주님 안에서와 그 힘의 능력으로 강건하여집니다(에베소서 6:10). 그런데 이 능력을 어떻게 얻습니까? 그리스도와의 연합을 통해서입니다. 우리는 그리스도의 생명을 나누도록 부르심을 받았습니다. 여기서 연합이란 무슨 무슨 협회와 같은 식의 결합 관계를 의미하지 않습니다. 우리는 그리스도의 몸의 일부이며 한 몸을 이루고 있습니다. 하나님께서는 우리로 그리스도의 생명을 실제로 나누어 가지도록 부르신 것입니다.

나의 경우를 보면, 그리스도와의 연합의 의미를 이해하고 매일의 삶 속에서 그 연합의 실체를 경험하기 시작한 것은 그리스도인이 된 후 몇 년이 지나서였습니다. 그때 나는 이미 그리스도를 나의 구세주로 믿고 있었습니다. 또한 그리스도인의 삶의 기본적인 여러 필수 요소를 알고 실천하고 있었습니다. 정기적으로 경건의 시간도 갖고 있었고, 성경공부도 인도하고 있었으며, 성경 말씀도 암송하고 있었고, 다른 사람들에게 복음도 전하고 있었으며, 순종하는 그리스도인의 삶을 살려고 힘쓰고 있었습니다. 뿐만 아니라 "그리스도 안"이라는 말이 포함된 성경 구절도 많이 암송하고 있었습니다. 하지만 그 놀라운 의미를 미처 온전히 깨닫지는 못하고 있었습니다. 그리스도인의 삶을 살 수 있는 능력을 달라고 기도할 때 나의 태도는 돈을 부쳐 달라고 집에 편지를 쓰는 대학생과 같은 것이었습니다. 나는 거지처럼 영적으로 곤궁한 삶을 살고 있었습니다.

그러던 어느 날 "그리스도 안"이라는 말의 의미를 깨닫게 되었습니다. 성령께서는 내가 포도나무에 붙어 있는 가지라는 사실을 깨닫도록 도와주셨습니다. 그저 포도나무에 끈으로 고정되어 있는 게 아니라 실제로 포도나무의 일부인 것입니다. 가지는 포도나무와 생명적인 연합을 이루고 있습니다. 포도나무의 생명이 자연적으로 가지로 흘러들어 가듯이, 예수 그리스도의 생명이 자연적으로 나에게로 흘러들어 온다는 사실을 알았습니다.

내가 주님을 믿은 이후로 내 안에서 나를 통해 이루어지는 그리스도인의 삶의 모든 표현은 내가 그리스도와 연합함으로 말미암아 그리스도의 생명이 내 안에서 역사하신 결과라는 사실을 깨달았습니다. 성경을 읽고 하나님의 뜻을 행하며 성령의 열매를 맺으려 하는 욕구가 아무리 작은 것일지라도 그것은 내가 그리스도 안에 있음으로 말미암아 생긴 생생한 결과라는 사실입니다.

그리스도와 우리의 연합은 우리가 그것을 깨닫든 깨닫지 못하든 참된 객관적인 사실입니다. 또한 어느 정도는 우리 편에서의 의식적인 노력이 없어도 그 연합의 열매를 경험한다는 것도 맞습니다. 예를 들면, 회심 시에 우리는 어느 정도 성경에 대한 영적인 조명과 이해, 욕구와 감정의 변화, 하나님을 기쁘시게 하는 삶을 살려는 마음 등을 경험하기 시작합니다. 포도나무의 생명이 자연스럽게 당신과 나에게로 흘러들어 와 우리 삶 속에서 이러한 변화를 일으키는 것이 사실입니다.

그리스도 안에 거함

　그러나 포도나무와 가지, 몸과 지체의 비유는 우리가 그리스도와의 연합에 수동적이라는 인상을 주어서는 결코 안 됩니다. 예수님께서는 포도나무 비유에서 가지인 우리는 포도나무 되신 주님 안에 거해야 한다고 말씀하셨습니다(요한복음 15:4). 골로새서 2:6-7에서도 이와 같이 말씀합니다. "그러므로 너희가 그리스도 예수를 주로 받았으니 그 안에서 행하되 그 안에 뿌리를 박으며 세움을 입어 교훈을 받은 대로 믿음에 굳게 서서 감사함을 넘치게 하라." 적극적으로 그리스도 안에 거하고, 그리스도 안에서 행하라고 말씀하십니다. 계속 그리스도 안에 머물러 있어야 하며, 계속 그리스도 안에서 살아야 합니다. 이것은 주님의 명령입니다. 따라서 우리는 이 명령에 순종해서 주님 안에 거하며 주님 안에서 행하는 삶을 살아야 합니다.

　우리는 그리스도인의 삶을 사는 데 필요한 것을 얻기 위하여 자신의 지혜, 능력, 공로를 의지하는 것을 모두 버리고, 전적으로 그리스도만을 바라보아야 합니다. 하지만 그리스도를 바라볼 때 우리의 모든 필요가 채워질 수 있는 것은 우리가 그리스도 안에 있다는 기본적인 사실 때문입니다. 다시 포도나무와 가지의 비유를 사용한다면, 가지가 포도나무의 완전한 일부가 아니라면 포도나무로부터 생명을 조금도 이끌어 올 수 없습니다. 가지를 포도나무에 못이나 끈으로 단단히 고정시켜 놓는다 해도 아무 소용이 없습니다. 생명을 주는 연결이 없기 때문입니다. 그러나 포도나무의 완전한 일부인 가지들은 포도나무의 생명을 나누어 가지게 됩니다.

이것이 자기 아들 예수 그리스도와의 교제 가운데로 우리를 부르실 때 하나님께서 하신 일입니다. 하나님께서는 포도나무와 가지, 머리와 몸의 관계처럼, 그리스도와의 친밀하고 생명적인 관계 가운데 살도록 우리를 부르셨습니다. 하나님께서는 우리로 하여금 바로 그리스도의 생명을 나누어 갖도록 만드셨습니다. 그렇게 하여 하나님께서는 우리가 하나님의 성품에 '참여'하는 자가 되게 하셨습니다(베드로후서 1:4).

네비게이토 선교회에서는 그리스도인의 삶의 가장 기본이 되는 요소들을 나타내기 위해 축과 테와 네 개의 살이 있는 수레바퀴 예화를 사용하고 있습니다. 이 수레바퀴의 축은 그리스도인의 삶의 중심에 계신 그리스도를 나타냅니다. 이는 그리스도께서 그리스도인의 삶을 살 수 있게 하는 능력의 근원이시라는 의미입니다. 힘이 축으로부터 나와 살들을 통해 테에 전달되어 테를 돌리듯이, 그리스도인의 삶을 사는 데 필요한 능력도 예수 그리스도로부터 나와서 말씀, 기도, 교제, 증거와 같은 살들을 통해 전달됩니다. 1930년 경 도슨 트로트맨이 만든 이 수레바퀴 예화는 그 위에 이런 말이 있습니다. "수레바퀴의 축처럼, 그리스도께서 그리스도인의 삶 속에 능력을 공급하신다." 그다음에 요한복음 15:5이 인용되어 있습니다. "나는 포도나무요 너희는 가지니 저가 내 안에, 내가 저 안에 있으면 이 사람은 과실을 많이 맺나니 나를 떠나서는 너희가 아무것도 할 수 없음이라."

자칫하면 수레바퀴 예화를 가르치면서 바퀴의 살들에 초점을 둘 수가 있습니다. 즉 말씀을 섭취한다든가 기도를 한다든가 교제를 한다든가 증거를 한다든가 등 우리가 해야 할 바를 강조하는 것입니다. 그러면서 축이신 그리스도, 즉 그리스도인의 삶을 사는 데 필요한 능력의 근원이신 그리스도에 대한 강조를 소홀히 하는 수가 있습니다. 그리스도인의 삶을 사는 데 필요한 능력과 은혜를 공급하는 것은 수레바퀴의 살 자체가 아닙니다. 어디까지나 핵심은 바퀴의 축입니다. 우리의 생명이신 그리스도이십니다(골로새서 3:4). 말씀과 기도는 성령께서 그리스도의 생명을 우리에게 전달하시는 아주 중요한 통로입니다. 우리는 하나님의 은혜의 통로인 바퀴의 살들을 지나치게 강조한 나머지, 바퀴의 축 곧 우리의 생명의 근원이신 예수 그리스도를 놓치는 일이 있어서는 안 됩니다.

우리는 능동적이고 적극적으로 "그리스도 안에 거해야" 합니다. 우리는 하나님을 기쁘시게 하고 하나님께 합당한 삶을 사는 데 필요한 모든 것을 공급받으며 우리의 영양과 유지를 위해 믿음으로 그리스도를 바라보아야 합니다. 우리가 구원을 얻기 위해 그리스도께 나아갈 때 우리 자신을 의지하는 것을 완전히 포기했듯이, 그리스도인의 삶을 살 때도 우리는 우리 자신을 의지하는 것을 완전히 포기하고 전적으로 그리스도만을 믿고 의지해야 합니다. 그러나 이것이 그리스도인의 삶에서 우리는 가만히 있고 하나님께서 하시도록 내버려 두는 식으로 수동적이 되어야 한다는 의미는 아닙니다. 오히려 우리는 적극적으로 그리스도를 의지하며 성령을 의지하도록 부르심을 받았습니다. 성령께서 하시는 일은 그리스도의 생명을 우리에게 전달하는 것이며, 이로써 우리는 하나님을 기쁘시게 하는 삶을 살 수 있게 됩니다.

어떻게 그리스도인의 삶을 살아가는가

그리스도인의 삶을 살아가는 데는 기본적으로 네 가지 길이 있습니다. 첫 번째는 전적으로 자신의 노력과 힘으로 살아가려고 하는 것입니다. 이 방법은 반드시 실패합니다. 예수님께서는 "나를 떠나서는 너희가 아무것도 할 수 없음이라"라고 아주 분명하게 말씀하셨습니다(요한복음 15:5). 우리가 홀로 이러한 노력을 시도할지라도, 여전히 그리스도와 연합되어 있기 때문에, 그리스도의 생명이 조금씩은 우리 안에 흘러들어 옵니다. 그러나 매일의 영적인 삶에서 대부분 실패와 좌절을 맛보며, 다른 사람들과의 관계에서 불만을 경험합니다. 사랑, 희락, 화평, 오래 참음, 자비 등등 성령의 열매는 거의 찾아보기 어렵고, 이 은혜로운 성품들이 우리 삶 속에서 왕성하게 자라는 대신 질식되고 시들어 갑니다. 우리는 많은 기독교적 활동을 하며, 심지어 외적으로는 성공적인 신앙생활을 하는 것처럼 보일지라도, 진정으로 성령의 열매는 거의 소유하지 못합니다. 우리는 아마도 대부분 이처럼 자기 힘으로 그리스도인의 삶을 살아가려는 시도를 해 보았을 터이며, 그것으로는 안 된다는 사실을 깨닫게 됩니다.

그리스도인의 삶을 사는 두 번째 길은 첫 번째 방법의 반작용인 경우가 많습니다. 자기의 노력으로 사는 것이 무력함을 경험한 후, 정반대 극단으로 치우쳐 전혀 아무것도 하지 않기로 결심하는 수가 있습니다. 모든 것을 주님께 맡겨 버리고 가만히 앉아서 하나님께서 다 알아서 하시도록 합니다. 그리스도인의 삶을 살기 위해 우리 편에서 하는 노력은 모두 "육신에서 나온 것이다"라고 결론짓습니다. 그러고는 그리스도인의 삶을 살기 위해 노력해서는 안 되고 단지 우리를 위하여 일을 행하시는 하나님을 믿고 의지해야 한다고 생각합니다. 많은 이들이 이 방법을 시도했으나, 이 또한 하나님의 방법이 아니라는 사실을 발견했습니다.

세 번째 길은, "주님, 도와주십시오" 식의 방법입니다. 이 방법의 특징은 한마디로 주님께 대한 부분적인 의뢰입니다. 어느 점까지는 내 스스로 그리스도인의 삶을 살 수 있으므로, 그 이후에야 주님의 도우심이 필요하다는 생각입니다. 우리는 대개 무의식적으로 이런 생각을 합니다. 누가 나더러 내가 이렇게 산다고 말한다면 나는 부인할 것입니다. 그러나 실제로는 이렇게 사는 경우가 많습니다. 일상적인 그리스도인의 삶을 사는 데 필요한 지혜와 능력 등이 많지는 않아도 어느 정도는 자기에게 있다고 생각합니다. 그러다가 자신의 지혜와 능력을 넘어서는 일이 생기면 주님의 도우심을 구합니다. 자기가 처리하지 못할 일이 생겼을 때에야 주님의 도움을 구합니다. 슬프게도 이 방법은 오늘날 성실한 그리스도인들 사이에 흔히 볼 수 있는 가장 일반적인 생활 방식입니다. 수많은 그리스도인들이 하루를 시작하면서 하나님의 도우심을 구하는, 흔히 사용하는 방법입니다. 그들은 위기 상황을 만나기 전까지는 자기를 의지하여 살다가 위기 상황이 닥치면 그때부터는 하나님의 도우심을 구합니다. 조심하지 않으면 누구나 이런 식의 태도를 갖기가 쉽습니다.

위대한 청교도인 존 오웬은 이렇게 말했습니다. "하나님의 과업 중에서 아무리 작은 것이라도 우리 자신 속에는 그것을 성취할 능력이 없습니다. 이것이 은혜의 법입니다. 자신의 힘으로는 한 가지도 수행할 수 없다는 사실을 진정으로 인식할 때 비로소 우리는 그것을 수행하는 비밀을 발견하게 됩니다. 그러나 슬프게도 이 비밀을 발견하지 못하는 경우가 많습니다."

그리스도인의 삶을 사는 네 번째 길은 그리스도 안에 거하는 것입니다. 이 방법을 따르는 신자는 '자기 노력의 방법'이나 '모든 것을 하나님께 맡겨 버리고 자기는 뒷짐 지고 있는 태도' 모두 무익하다는 사실을 알고 있습니다. 어떤 지점을 넘어설 때만이 아니라 삶의 모든 상황에서 하나님의 도우심이 필요하다는 사실을 잘 알고 있습니다. 위기가 닥쳤을 때나 스트레스가 쌓일 때만 도움을 청하는 기도를 하지 않습니다. 이렇게 기도합니다. "주님, 저에게 하루 종일 능력을 주시옵소서. 주님 없이는 저는 아무것도 할 수 없기 때문입니다." 예를 들어 하나님께서 그에게 무거운 통나무 하나를 주시고 들라고 하셨다 해 봅시다. 통나무는 그가 겪어야 할 어려운 환경일 수도 있고, 그리스도인의 생활에서 맞이하는 매일의 요구일 수도 있습니다. 그럴 때 그는 이렇게 기도하지 않습니다. "주님, 이 통나무는 너무 무거워서 저 혼자서는 들 수가 없습니다. 우리 둘이 힘을 합쳐 주님께서 한쪽 끝을 들고 제가 한쪽 끝을 들면 이 통나무를 들 수 있을 것입니다." 대신 이렇게 아룁니다. "주님, 제가 이 통나무를 들어야만 한다면 주님께서 제게 이 나무를 들 수 있는 능력을 주십시오. 저는 이것을 들 힘이 없습니다. 주님께서 힘을 주셔야만 제가 이것을 들 수 있습니다. 그러므로 겉보기에는 제가 이 나무를 혼자 든 것처럼 보여도 사실은 이 나무를 들 수 있는 모든 힘은 주님께서 주신 것입니다." 이런 태도가 빌립보서 4:13에서 말씀하고 있는 것입니다. "내게 능력 주시는 자 안에서 내가 모든 것을 할 수 있느니라." 바울에게 있어서 통나무는 변화하는 환경 속에서도 자족하는 삶이었습니다. 바울은 하나님의 도우심을 받아서, 다시 말하면 하나님과 바울이 그 짐을 함께 나누어 진 것이 아니라, 전적으로 하나님의 능력으로 말미암아 자족하는 삶을 살 수 있었습니다. 하나님의 능력이 바울로 하여금 자족하는 삶을 살 수 있게 한 것입니다. 이 진리가 갈라디아서 2:20에 표현되어 있습니다. "내가 그리스도와 함께 십자가에 못 박혔나니 그런즉 이제는 내가 산 것이 아니요 오직 내 안에 그리스도께서 사신 것이라. 이제 내가 육체 가운데 사는 것은 나를 사랑하사 나를 위하여 자기 몸을 버리신 하나님의 아들을 믿는 믿음 안에서 사는 것이라."

따라서 "주님, 저를 도와주십시오"와 "주님, 제게 힘을 주십시오"의 차이는 그리스도께 대한 부분적인 의뢰인가 아니면 그리스도께 대한 전적인 의뢰인가의 문제입니다. 여기서 이 두 가지를 구별하였지만, 구별은 사용하는 말에 있는 것이 아니라 마음의 태도에 있습니다. 비록 "주님, 도와주십시오"라고 말하거나 생각했다 해도 마음의 태도가 전적으로 주님을 의지하고 있는 것이라면 하나님께서는 우리의 말에 구애받지 않으시고 우리의 말뜻을 아십니다.

그리스도 안에 거하는 방식("주님, 제게 능력을 주십시오")은 "손을 놓고 하나님께 맡기라"라는 식과는 크게 다릅니다. 우리는 그리스도 안에서 새사람이 되었고, 우리의 지성과 감정과 의지 등 모든 자원을 사용하여 그리스도인의 삶을 살도록 부르심을 받았습니다. 그러나 우리는 부활하신 그리스도의 능력으로 말미암아 우리에게 능력을 주시는 성령의 사역을 전적으로 의뢰하는 가운데 자신의 지, 정, 의를 사용해야 합니다. 그리스도 안에 거하는 방식은 우리 편에서의 의식적인 노력을 하지 않는 것을 의미하지 않습니다. 오히려 우리 편에서 최선의 노력을 할 것을 가르칩니다. 다만 그 노력은 우리에게 그리스도의 생명을 전달하시는 성령을 전적으로 의뢰하는 가운데 이루어진 노력입니다.

골로새서 1:28-29은 그리스도를 전적으로 의뢰하는 가운데 하는 이러한 최선의 노력을 잘 보여 주고 있습니다. "우리가 그를 전파하여 각 사람을 권하고 모든 지혜로 각 사람을 가르침은 각 사람을 그리스도 안에서 완전한 자로 세우려 함이니, 이를 위하여 나도 내 속에서 능력으로 역사하시는 이의 역사를 따라 힘을 다하여 수고하노라." 사도 바울은 복음을 위하여 힘을 다하여 수고했습니다. 그러나 그는 자기가 그리스도와 연합되어 있다는 사실을 알았고, 또한 자기 안에서 역사하시는 그리스도의 생명과 능력을 알고 있었습니다.

우리가 그리스도 안에 있으며, 그리스도 안에 거함으로 말미암아 열매를 맺는다는 사실을 알고 있다 해서 이것이 우리로 하여금 수동적인 태도를 취하게 하지는 않습니다. 오히려 이것은 우리로 더 열심히 하도록 격려합니다. 우리는 그 일을 행하고 이루기 위한 지혜와 능력을 얻기 위해 그리스도께 전적으로 의지합니다. 이는 우리가 그리스도인의 삶 속에서 하는 의식적이고 눈에 보이는 모든 것이 그리스도께서 능력을 주시지 않으면 아무것도 아니라는 깨달음에서 나옵니다. 시편 127:1에 이 진리가 잘 나와 있습니다. "여호와께서 집을 세우지 아니하시면 세우는 자의 수고가 헛되며, 여호와께서 성을 지키지 아니하시면 파수꾼의 경성함이 허사로다." 그리스도 안에 거한다는 말의 의미를 올바로 아는 사람은, 세우는 자가 수고해야 하며 파수꾼이 지켜야 한다는 사실을 잘 알고 있습니다. 하지만 또한 두 사람 다 예수 그리스도를 전적으로 의뢰하는 가운데 그렇게 해야 한다는 사실을 잘 알고 있습니다.

이 장에서 하나님과의 교제를 그리스도와의 연합으로 보았습니다. 이는 우리가 깨닫든 깨닫지 못하든 모든 그리스도인들에게 참된 객관적인 사실입니다. 그러나 하나님께서는 우리가 그 사실을 깨닫기를 원하시며, 예수 그리스도 안에 거하는 삶을 통해 삶 속에서 그 실체를 경험하기를 원하십니다.

다음 장에서는 하나님과의 친교를 통하여 매일의 삶 속에서 경험하는 하나님과의 교제에 대해 살펴보고자 합니다. 그리스도와의 연합에 대하여 우리가 어떻게 이해하며 또 그것을 얼마나 누리는가가 주님과 우리와의 친교가 얼마나 풍성할 것인가를 결정하는 데 큰 영향을 미친다는 사실을 기억해야 합니다. 성실하고 헌신적으로 살아가고 있음에도 불구하고 경건의 시간이 메마르고 기계적임을 느끼는 이들이 의외로 많은 것을 봅니다. 그들이 그렇게 된 데에는 그 내면을 살펴보면, 그리스도를 의뢰하기보다는 자기도 모르게 자신의 영적 훈련을 의뢰하였기 때문인 경우가 많습니다. 우리는 마음에서 우러나오는 기도와 함께 경건의 시간을 시작해야 합니다. "주님, 오늘 아침 제가 주님을 예배할 수 있게 해 주십시오. 주님과 친밀한 교제를 나눌 수 있게 해 주십시오. 주님 없이는 제 마음은 차가운 돌덩이처럼 식어 버리며 죽은 나뭇가지처럼 메마르게 됩니다."

주님과 우리의 연합에 대해 알고 누릴 때 그리스도인들끼리 갖는 상호 간의 교제가 더욱 풍성해집니다. 교제란 단순히 성경 말씀을 나눈다든지 함께 사교적인 시간을 갖는 것이 아닙니다. 교제는 그리스도 안에서 생명을 함께 나누는 것입니다. 오직 그리스도 안에서 가지고 있는 그 생명을 이해하고 자기 것으로 누리는 만큼만 우리는 그 생명을 다른 사람들과 나눌 수 있습니다.

교제를 온전히 실천하는 데에는 여러 가지 책임과 행동이 뒤

따릅니다. 이에 대해서는 나중에 자세히 다루기로 하겠습니다. 그러한 책임과 행동을 때로는 피하고 싶을 때도 있습니다. 교제의 실천을 위해 우리 자신의 타고난 자질이나 또는 자라면서 익힌 좋은 자질에 의지할 수는 없습니다. 우리는 계속적으로 그리스도 안에 거해야 하며, 참된 교제의 책임을 이행하기 위한 은혜와 능력을 얻기 위해 그리스도를 바라보아야 합니다. 그러나 그리스도 안에 거하기 위해서는 우리가 그리스도 안에 있다는 사실을 먼저 알아야만 합니다. 우리가 참포도나무이신 예수님의 가지라는 사실을 진정으로 깨달을 때만이 우리는 참된 교제를 실천하는 데 필요한 모든 자원을 얻기 위해 그리스도를 확신 있게 바라볼 수 있을 것입니다.

3

하나님과의 친교

> 내가 여호와께 청하였던 한 가지 일 곧 그것을 구하리니
> 곧 나로 내 생전에 여호와의 집에 거하여 여호와의
> 아름다움을 앙망하며 그 전에서 사모하게 하실 것이라.
> 시편 27:4

1951년 가을, 나는 젊은 해군 장교로서 극동에 파견되어 한 수륙 양용 전함에서 근무하고 있었습니다. 한국 전쟁이 일어나 한국에 파병된 것입니다. 2차 대전 중에 현역으로 복무했던 많은 예비군이 다시 동원되었습니다. 우리 배에는 승무원이 약 300명쯤 있었는데 내가 알기로 그리스도인은 나 혼자였습니다. 그 당시 나는 믿은 지 얼마 안 되는 새 신자였습니다. 배의 불경건한 분위기 속에서 혼자서 그리스도인의 삶을 살아갈 영적 에너지가 내게는 없다는 사실을 절실히 깨달았습니다.

다른 배에 있던 동료 해군 장교를 통해 네비게이토를 알게 된 것은 바로 이러한 상황에서였습니다. 얼마 후 우리는 미국으로 돌아갔고, 그는 샌디에이고에 있는 한 네비게이토 간사의 집에서 하는 금요일 저녁 성경공부에 나를 초대했습니다. 그날 저녁

이 나의 삶을 변화시켜 준 경험의 시작이었습니다.

솔직히 말해서 그날 저녁 성경공부 내용은 아무것도 기억나지 않습니다. 어떤 찬송을 불렀는지, 누가 어떤 간증을 나누었는지는 하나도 기억나지 않습니다. 지금까지도 기억하는 한 가지가 있다면 바로 그 분위기였습니다. 참으로 감동적이었습니다.

그 성경공부에 참석한 사람들은 개인적으로 하나님과 친밀한 교제 가운데 살고 있었습니다. 나는 이전에 그러한 경험을 해 본 적이 없었습니다. 그들 대부분은 2차 대전 중 네비게이토 사역을 통해 주님을 만났거나 주님과의 동행을 시작한 사람들로서, 한국 전쟁의 발발로 다시 군에 들어온 예비군들이었습니다. 그들은 어려운 환경 속에서도 예수 그리스도와의 개인적인 관계를 가지고 있었기 때문에 기뻐하며 승리하는 삶을 살고 있었습니다. 예수님과의 관계가 그들을 지탱시켜 주고 있었습니다. 그들의 표어는 '그리스도를 알고 그를 알게 하라'였습니다. 모두들 "내가 그리스도와 그 부활의 권능과 그 고난에 참예함을 알려 하여 그의 죽으심을 본받아"라는 빌립보서 3:10 말씀처럼 그리스도를 알기를 열망하고 있었습니다.

그 당시 나는 비록 그리스도를 나의 구세주로 믿고는 있었지만, 그리스도를 개인적으로 친밀하게 알고 있지는 못했습니다. 그런데 그들은 주님을 개인적으로 친밀하게 알고 있었습니다. 그들은 경건의 시간, 기도, 성경 암송 및 묵상, 그리고 하나님께서 그들에게 해 주신 일들을 다른 사람들과 나누는 것을 통해 매일 주님과 교제하는 삶을 살고 있었습니다. 예수 그리스도께서는 진실로 나의 구세주이셨지만, 나는 예수님과 개인적인 인격적 교제가 없었습니다. 나는 예수님을 조금밖에 몰랐습니다. 예수님께서 나의 죄를 위해 대신 죽으시기 위해 하늘로부터 오셨다가 다시 하늘로 가신 분이심은 알고 있었고, 예수님께 기도할 수 있다는 사실을 알고 종종 기도도 했습니다. 그러나 매일의 삶 속에서 예수님과 개인적인 관계 가운데 산다는 것은 꿈에도 생각지 못했습니다. 비록 예수님을 구세주로 믿고 있었고, 배에서도 예수님을 위해 살기를 원했었지만, 그러한 마음을 유지시켜 주고 양분을 공급해 주는, 그리스도와의 매일의 교제에 대해서는 아무것도 몰랐습니다.

2차 대전 참전 용사였던 그들은 나보다 몇 살 위였는데 그리스도와 개인적인 교제를 갖고 있었고, 나는 그들처럼 되고 싶었습니다. 나는 많은 시간 그들과 함께하면서 매일 그리스도와의 개인적인 교제를 어떻게 하면 가질 수 있는지 배워 나가기 시작했습니다. 이 성숙한 그리스도인들과의 교제를 통해서 하나님과의 교제를 갖는 법을 배운 것입니다. 그들은 내게 주님과의 교제를 어떻게 갖는지를 구체적으로 가르쳐 주었습니다. 그러나 나로 하여금 그들에게 매력을 느끼게 하고, 나에게 주님과의 교제를 갖는 법을 가르쳐 준 것은 그들의 말이 아니라 바로 그들의 삶의 본이었다는 사실을 주목하기 바랍니다.

앞 장에서 하나님과의 교제에 대한 신약성경의 개념에는 객관적인 관계[그리스도와의 연합]와 경험적인 관계[그리스도와의 친교] 두 가지가 포함되어 있다는 사실을 살펴보았습니다. 그리스도와의 교제의 이 두 측면을 간단히 연합과 친교라 부릅니다. 그러나 실제에 있어서는 우리가 주님과 교제를 가졌다고 말할 때 그것은 보통 주님과의 친교인 경험적인 관계를 말하고 있다고 하겠습니다.

교제와 친교 사이의 어휘상의 구별은 그리스도와의 연합과 친교의 실체를 모두 이해하고 있는 한 그렇게 중요한 게 아닙니다. 신자로 하여금 그리스도와의 친교를 가능하게 만드는 것은 바로 그리스도와의 연합 즉 그리스도의 생명을 나누어 갖는 것입니다. 그리스도와의 연합이 올바로 이해되고 받아들여질 때 그것은 그리스도와의 친교로 이끕니다. 그리고 그리스도와의 친교는 다시 연합의 축복을 더 깊이 알고 자기 것으로 삼아 누리도록 이끌어 줍니다. 앞에서 하나님과의 교제에서 연합의 측면을 살펴보았듯이, 이제 친교의 측면을 살펴보기로 하겠습니다.

하루 종일 해야 할 일

매슈 헨리는 "하나님과 매일 갖는 친교를 위한 지침"이라는 작은 책자에서 이 친교를 세 부분으로 나누었습니다. 즉, 하나님과 함께 하루를 시작하는 법, 하나님과 함께 하루를 보내는 법, 하나님과 함께 하루를 마치는 법입니다. 이는 하나님과의 친교에 대하여 아주 중요한 점을 지적합니다. 주님과 우리의 친교는 아침에 경건의 시간을 갖는 것 그 이상이어야만 합니다. 그것은 하루 종일 이루어져야 할 일입니다. 이사야와 다윗은 한 걸음 더 나아갑니다. 그들은 밤중에도 주님과 친교를 가졌습니다. "밤에 내 영혼이 주를 사모하였사온즉 내 중심이 주를 간절히 구하오리니…"(이사야 26:9). "내가 나의 침상에서 주를 기억하며 밤중에 주를 묵상할 때에 하오리니"(시편 63:6).

중세 수도원의 주방 요리사였던 브라더 로렌스는 하루의 모든 삶 속에서 하나님의 임재를 느끼며 산 사람이었습니다. 그는 아침 예배 시간에 하나님의 임재를 경험하는 것 못지않게, 부엌에서 그릇이 딸그락거리는 속에서도 하나님의 임재를 즐겼습니다.

우리가 목표로 해야 할 이상이 바로 이것입니다. 집에 있든, 교실에 있든, 사무실에 있든, 시장에 있든, 붐비는 거리를 차를 몰고 가고 있든, 늘 하나님의 임재 안에서 사는 것을 배워야 합니다. 이런 말을 하면 즉각 이렇게 반문하는 사람들이 있을 것입니다. "강의실에 앉아 강의를 듣는다든지, 직장에서 컴퓨터를 두드리면서, 또는 시장에서 장을 보면서 어떻게 하나님과 친교를 가질 수 있습니까? 직장에서 하고 있는 일에 대해 생각해야 하는데, 또는 교수의 말을 주의 깊게 들어야 하는데, 그런 때 어떻게 하나님을 생각하고 하나님과 친교를 갖는다는 말입니까? 브라더 로렌스처럼 그릇을 닦으면서 하나님을 생각하는 것은 나도 할 수 있겠지만, 지금 내가 하고 있는 일은 온 정신을 집중해야 합니다. 일하다가 멈추고 하나님과 친교를 가질 수가 없습니다."

일리가 있는 말입니다. 이 질문에 한마디로 쉽게 답할 수는 없습니다. 다음에 몇 가지 제안을 드리겠지만 만족할 만한 답은 안 될 수도 있습니다. 그러나 여기서 진정 문제가 되는 것은, 나의 마음과 생각의 주요 관심사가 무엇인가 하는 것입니다. 내가 어떤 일에 주의 집중 하지 않아도 되어 임의로 생각할 수 있는 시간이 있을 때 무엇을 생각하는가 하는 것입니다. 매일 저녁 정신없이 바빴던 일과를 마치고 퇴근하려고 차에 올라탔을 때 나는 맨 먼저 무엇을 하는가? 라디오를 켜는가? 아니면 하나님과 친교를 갖는 데 그 시간을 사용하는가? 나는 뉴스를 들어서는 안 된다는 말을 하고 있지 않습니다. 내 마음대로 할 수 있는 시간을 어떻게 사용하고 있는가를 묻고 있을 뿐입니다. 나침반의 바늘이 주위에 자력을 가진 물체가 없으면 항상 북극을 향하듯이, 나의 마음이 어떤 것에 사로잡혀 있지 않을 때에 저절로 자연스레 하나님께로 향하는가? 이 질문에 솔직하게 대답을 해 보기 바랍니다.

아침 경건의 시간

집에는 그 집을 이루는 기초와 골격이 있어야 하듯이, 하나님과의 친교도 기초와 골격이 있어야 합니다. 하나님과의 친교의 기초는 경건의 시간입니다.

아침 첫 시간에 하나님과 친교를 갖는 것의 중요성에 대해서는, 성경 말씀뿐 아니라 믿음의 선진들의 풍부한 증거가 있습니다. 다윗은 이렇게 말했습니다. "여호와여, 아침에 주께서 나의 소리를 들으시리니 아침에 내가 주께 기도하고 바라리이다"(시편 5:3). 예수님에 대해서는 이렇게 기록되어 있습니다. "새벽 오히려 미명에 예수께서 일어나 나가 한적한 곳으로 가사 거기서 기도하시더니"(마가복음 1:35).

아침 경건의 시간은 하루 동안 하나님과의 친교의 기초가 됩니다. 이 시간은 하루 동안 순간순간 하나님과 친교를 갖도록 마음을 준비시켜 주기 때문입니다. 또한 그 시간은 하나님을 경외하고 찬양하는 마음으로 예배하는 일에 모든 것을 집중할 수 있는 때이기도 합니다. 그 시간은 관심이 나누이지 않고 하나님의 말씀에 집중할 수 있는 시간입니다. 예수님께서는 하나님 아버지와 끊임없이 교제하셨습니다. 예수님께서 매일매일 기도로 시작하는 삶을 최우선시하셨다는 사실은 중요한 의미가 있습니다. 예수님께서 그럴 필요를 느끼셨다면, 하물며 우리는 어떠하겠습니까?

하나님께서는 자기 얼굴을 찾도록 우리를 부르십니다. 시편 27:8에서 이렇게 말씀하고 있습니다. "'너희는 내 얼굴을 찾으라' 하실 때에 내 마음이 주께 말하되 '여호와여, 내가 주의 얼굴을 찾으리이다' 하였나이다." 바벨론에 포로로 잡혀 있는 유대인들에게 하나님께서는 이렇게 말씀하셨습니다. "너희가 전심으로 나를 찾고 찾으면 나를 만나리라"(예레미야 29:13). 성경에는 하나님의 얼굴을 찾도록 격려하며 명령하는 구절이 많이 있습니다. 아침 경건의 시간은 하나님의 얼굴을 찾는 데 특히 좋은 시간입니다. 우리는 하루 종일 하나님과 친교를 가질 수 있으나, 하나님의 얼굴을 찾기 위해서는 마음과 생각의 집중이 필요한데, 이것은 대개 우리가 하나님과 단둘이서 시간을 가질 때에만 가능합니다.

아침에 정기적으로 하나님과 단둘이 만나 간절히 기도하는 시간을 가질 때 그날 하루 동안 순간순간 하나님께 조용히 신속한 기도를 할 수 있도록 준비가 됩니다. 느헤미야는 예루살렘 성벽이 훼파되었다는 소식을 들었을 때 하나님께 기도하였습니다. "내가 이 말을 듣고 앉아서 울고 수일 동안 슬퍼하며 하늘의 하나님 앞에 금식하며 기도하여"(느헤미야 1:4). 하나님께서는 그 기도에 응답하셨습니다. 어느 날 느헤미야는 예루살렘으로 돌아가 성벽을 재건하려는 자기의 생각을 왕에게 아뢸 수 있는 기회가 왔다는 사실을 알게 되었습니다. 예기치 않은 기회였습니다. 왕은 느헤미야에게 "네가 무엇을 원하느냐?" 하고 물었고, 그때 느헤미야는 "곧 하늘의 하나님께 묵도하고" 왕에게 말씀드렸습니다(느헤미야 2:4). 느헤미야는 재빨리 하나님께 속으로 조용히 기도하고 나서 왕에게 아뢰었습니다. 이와 같이 재빨리 묵도를 효과적으로 할 수 있었던 것은 수일 동안 하나님 앞에서 기도하였기 때문입니다. 우리는 모두 하루를 살아가면서 이와 같이 재빨리 짧게 하는 기도가 자주 필요합니다. 그러나 하나님께서는 그것만으로는 만족하지 않으십니다. 우리는 이따금 동네의 작은 가게에 가서 식료품을 사기도 하지만, 거기서 주된 식료품을 구매하지는 않습니다. 이와 같이 우리는 하루 동안에 '재빠른' 짧은 기도를 수시로 하는 게 필요하지만, 그것이 하나님을 만나 교제하는 주된 시간이 되어서는 안 됩니다.

온종일 하는 친교

하나님과의 아침 시간은 하나님과 우리의 친교의 기초를 놓아 줍니다. 주님과의 친교는 아침 경건의 시간이 끝남과 동시에 끝나서는 안 됩니다. 아침에 하나님과 친교 시간을 가졌다고 해서 저절로 하루 동안 하나님과 동행하는 삶을 사는 것은 물론 아닙니다. 우리는 하루 종일 자신을 하나님께 드리며, 하나님을 의지하는 가운데 하나님과의 교제를 즐기면서, 하나님을 기쁘시게 하는 데 필요한 것은 무엇이든지 하겠다는 태도로 살아야 합니다.

다윗은 아침마다 하나님께 기도하고 바라는 시간을 가졌습니다(시편 5:3). 뿐만 아니라 종일토록 하나님을 바라는 삶을 살았습니다. "주의 진리로 나를 지도하시고 교훈하소서. 주는 내 구원의 하나님이시니 내가 종일 주를 바라나이다"(시편 25:5). 종일 하나님을 바란다는 것은 하루 종일 하나님을 기다리는 것이요 하나님만 바라보는 것입니다. 하나님께 대한 기대감에 차서 하나님만 의지한다는 표현입니다. 이는 그리스도 안에서 거하는 것의 구약적인 표현입니다. 2장에서 그리스도의 지혜와 능력을 삶 속에서 경험하기 위해서는 그리스도 안에 거하는 것이 필수적임을 이야기했습니다. 우리는 하나님을 의지하는 이러한 태도를 계발해야 합니다. 그리하여 어려운 상황이 생겨서 하나님의 도우심을 필요로 할 때만 하나님을 의지하는 것이 아니라, 하루 종일 순간순간 모든 일에서 하나님을 바라며 의지해야 합니다. 하나님 없이는 우리가 아무것도 할 수 없음을 진정으로 믿고 있다면 하루 중 이따금씩 어려움이 생길 때만 하나님을 의지할 수 있을까요? 어려울 때만 하나님을 찾는다는 것은 삶의 많은 부분에서 하나님 없이 살고 있다는 의미입니다. 어쩌면 "나는 하나님 없이도 살 수 있다"라는 생각이 내면에 있음을 보여 주는 것일 수도 있습니다. 우리는 다윗처럼 하루 종일 하나님을 기다리며 하나님을 바라는 습관을 계발해야 합니다. 그럴 때에만 많은 열매를 맺게 됩니다.

하루 종일 하나님을 기다리며 바라는 태도와 더불어 하루 종일 하나님과 동행하는 것을 배워야 합니다. 에녹은 히브리서 11장에 있는 영예로운 믿음의 전당에 들어가 있습니다. 그러나 성경은 오직 그에 대해 두 가지를 이야기할 뿐입니다. 그는 하나님과 동행했으며, 하나님을 기쁘시게 했습니다(창세기 5:22,24, 히브리서 11:5). 하나님과의 동행은 하나님과의 영적 친교 가운데 사는 삶이며, 이는 하나님을 기쁘시게 합니다. 매슈 헨리는 이렇게 말합니다. "하나님과 동행한다는 것은 우리 앞에 항상 하나님을 모시며, 항상 하나님의 눈 앞에 있는 자로서 행동하는 것입니다. 이는 하나님과의 친교의 삶입니다. 모든 행동에서 하나님의 말씀을 법으로, 하나님의 영광을 목적으로 삼는 것입니다."

하나님과의 동행은 하나님과의 계속적인 친교와 하나님을 기쁘시게 하는 삶을 의미합니다. 하나님을 기쁘시게 하는 삶은 하나님과의 계속적인 친교의 결과입니다. 전자는 후자로부터 나옵니다.

그러나 하루 종일 하나님과의 친교를 즐겨야 할 이유가 한 가지 더 있습니다. 하나님 안에서 우리의 즐거움을 발견하기 위해서입니다. 다윗은 이러한 즐거움을 다음과 같이 표현했습니다. "주의 인자가 생명보다 나으므로 내 입술이 주를 찬양할 것이라"(시편 63:3). 바울은 그것을 "이는 내게 사는 것이 그리스도니 죽는 것도 유익함이니라"라고 표현했습니다(빌립보서 1:21). 하나님과의 끊임없는 친교의 궁극적인 목적은 단순히 하나님을 즐거워하는 것이라고 믿습니다. 스코틀랜드 장로교 목사인 새뮤얼 러더포드는 하나님 안에서 이러한 기쁨을 발견했기에 차가운 감방에서도 이렇게 쓸 수 있었습니다. "그리스도의 얼굴에 있는 미소 하나가 이제 나에게는 천국입니다."

안타깝게도 많은 이들이 성경에서 말하고 있는 이러한 끊임없는 친교와 하나님 안에 있는 기쁨을 경험하지 못하고 있습니다. 설상가상 그것을 간절히 바라지도 않습니다. 다만 필요할 때 하나님을 이용하는 것으로 만족합니다. 직업, 공부, 가정, 사역 등에서 어려울 때 하나님의 도우심을 구하는 것은 필요한 일입니다. 그러나 하나님께서는 우리가 하나님 안에서만 우리의 즐거움을 발견할 때 기뻐하십니다. 우리는 하나님께서 주시는 축복들이 아니라 진실로 하나님 그분을 기뻐하는 자가 되어야 합니다. 그런 사람들에게 이렇게 약속하십니다. "또 여호와를 기뻐하라. 저가 네 마음의 소원을 이루어 주시리로다"(시편 37:4). 하나님께서 우리로 하여금 하루 종일 하나님과의 친교를 할 수 있게 해 주심으로 진실로 하나님 안에서 기쁨과 즐거움을 발견할 수 있도록 기도해야 합니다.

그러면 어떻게 실제로 하루 종일 하나님과 끊임없는 친교를 가질 수 있습니까? 아침 경건의 시간이 그러한 친교의 기초라면, 성경 말씀의 묵상과 기도는 그 골격입니다. 성경에 보면 "주야로" 말씀을 묵상하도록 명령하기도 하고 권면하기도 합니다(여호수아 1:8, 시편 1:2). 그리고 "쉬지 말고" 기도하도록 명령합니다(데살로니가전서 5:17). 하지만 슬프게도 이러한 가르침을 진지하게 받아들이는 그리스도인들이 너무도 적습니다. 우리는 무언중에 오늘날처럼 바쁜 세상에서 주야로 말씀을 묵상한다든지 쉬지 않고 기도하는 것을 불가능하고 비현실적인 것으로 여깁니다.

그러나 그것은 불가능한 것도 비현실적인 것도 아닙니다. 우리는 할 수 있습니다. 이를 위해서는 진지한 헌신과 훈련이 필요하지만, 우리는 하루 종일 하나님과의 친교를 가질 수 있습니다. 그것은 성경 암송으로부터 시작됩니다. 성경 말씀을 곰곰이 생각하며 묵상하기 위해서는 먼저 우리 마음속에 성경 말씀을 간직하고 있어야 합니다. 성경 암송은 말씀을 우리 마음속에 간직하는 아주 좋은 방법입니다. 암송을 하기 위해서는 어느 정도 수고가 따릅니다. 성경 암송을 우회하여 묵상으로 가는 지름길은 없습니다.

네비게이토 선교회의 창시자인 도슨 트로트맨은 하나님께 귀히 쓰임받은 하나님의 사람입니다. 하나님께서는 20세기의 교회가 제자의 도에 대한 성경적 개념을 회복하도록 하는 데 그를 사용하셨습니다. 그 결과 오늘날 제자, 제자의 도, 제자의 삶, 제자 훈련과 같은 말이 교회에서 널리 사용하는 용어가 되었습니다. 도슨 트로트맨에게 있어서, 성경 암송은 제자의 삶을 사는 데 필수였습니다. 그런데 오늘날 성경 암송을 진지하게 장려하고 힘쓰는 교회를 찾아보기가 쉽지 않은 현실입니다. 나는 이 사실에 놀랄 뿐입니다. 성경 암송을 진지하게 강조하지 않고도 제자의 삶이 가능한지 의문이 들지 않을 수 없습니다.

그러면 암송한 말씀들을 어떻게 하나님과 친교를 갖는 데 사용할 수 있을까요? 우리는 기회가 날 때마다 마음을 계속 하나님의 말씀으로 향하고 그 말씀을 곰곰이 묵상하는 습관을 발전시켜야만 합니다. 이것은 우리가 무엇을 생각할지 선택할 수 있을 때마다 하나님의 말씀을 생각하기로 선택하는 것을 뜻합니다. 그러나 그저 성경 말씀의 단어들을 생각하는 것이 아닙니다. 우리는 그 단어들을 넘어 하나님께로 생각을 돌려야 합니다. 왜냐하면 그 성경 구절의 단어들을 통해 하나님께서 우리에게 말씀하고 계시기 때문입니다. 이러한 묵상을 통해 하나님께서 말씀하시는 것에 귀를 기울일 때 우리는 다시 하나님께 말씀드릴 수 있습니다. 하나님께서 우리에게 말씀하고 계시는 것을 깨닫고 그것을 나의 것으로 삼아 하나님께 감사하며 하나님을 찬양하고, 하나님의 뜻을 따르며, 때로는 하나님의 뜻에 따르지 못한 것을 자백합니다. 이와 같이 우리는 말씀을 묵상하고 그 말씀에 대한 응답으로 즉각 묵상 내용을 가지고 기도하는 것을 습관화하는 것이 필요합니다.

그러나 쉬지 않고 기도하는 것을 말씀 묵상의 관점에서만 이해해서는 안 됩니다. 하루를 살면서 자기 임의로 생각할 수 있는 시간이 있을 때 기도로 하나님께 가져가길 원하는 다른 내용도 많이 있을 것입니다. 어려운 처지에 있는 친구나 이웃일 수도 있습니다. 우리 자신을 위해서도 인도하심과 지혜와 힘이 필요합니다. 또 하나님만이 해결하실 수 있는 문제나 상황이 있습니다. 이 모든 문제는 하루 종일 하나님과의 친교를 위한 좋은 기회가 됩니다. 그러나 이 모든 일을 할 때 하나님과 '사무를 처리하는' 식이 되지 않도록 하십시오. 단지 하나님을 즐거워하며 또 하나님께서 우리를 즐거워하시는 시간이 되도록 하십시오. 부부 관계이든 친구 관계이든, 상사와 부하의 관계이든, 어떤 관계이든 그것이 '사무를 처리하는' 식의 수준에 머문다면 그 관계는 얼마 가지 않아 나빠집니다.

사람들이 서로 간에 견고한 관계를 확립하고 유지하기 위해서는 진실로 서로를 좋아하고 서로를 즐거워해야만 합니다. 하나님과 우리의 관계에서도 마찬가지입니다. 이를 위해서는 단지 하나님과 '사무를 처리하는' 수준을 넘어서서, 우리가 이미 하나님과 갖고 있는 아버지와 자녀의 관계를 누려야 합니다.

그러나 성경은 하나님과 우리의 관계를 또 다른 말로 표현하기도 합니다. 부자 관계보다 더 결속력이 강하고 훨씬 더 친밀한 관계입니다. 부자 관계는 우리에게 의지와 보살핌, 필요와 공급과 같은 개념을 전달합니다. 그러나 성경은 하나님과 그의 백성인 우리 사이의 또 다른 관계를 제시합니다. 곧 신랑과 신부의 관계입니다. 남편과 아내의 관계입니다. 이 관계에는 사랑과 친밀감과 달콤한 친교가 있습니다. 우리 신자들은 그리스도의 신부입니다. 이보다 친밀한 관계가 있을까요? 우리는 주님의 유일한 사랑의 대상입니다.

구약성경의 아가서는 그리스도와 교회 사이의 사랑과 친교를 노래하고 있습니다. 아가서에는 사랑하는 자[그리스도]와 그의 사랑을 받는 자[교회] 간에 사랑의 표현이 풍부하게 들어 있습니다.

예를 들어 사랑하는 자가 이렇게 말합니다. "내 사랑아, 너는 어여쁘고 어여쁘다. 네 눈이 비둘기 같구나"(아가 1:15). "여자들 중에 내 사랑은 가시나무 가운데 백합화 같구나"(아가 2:2). 이에 사랑을 받는 자가 대답합니다. "남자들 중에 나의 사랑하는 자는 수풀 가운데 사과나무 같구나. 내가 그 그늘에 앉아서 심히 기뻐하였고 그 실과는 내 입에 달았구나. 그가 나를 인도하여 잔칫집에 들어갔으니 그 사랑이 내 위에 기로구나"(아가 2:3-4).

이 사랑의 언어들은 그리스도와 교회 간의 사랑을 그리고 있습니다. 이는 우리가 그리스도와 맺고 있는 친밀한 사랑의 교제를 잘 표현하고 있습니다. 아가서를 읽고 묵상할 때 그리스도와 자기 백성 간의 사랑의 관계와 친밀한 친교에 대해 깊이 묵상해 보면 놀라운 유익을 얻게 됩니다.

오늘날 교회의 현실을 보면 하나님을 위하여 일을 한다든지, 하나님에 대한 올바른 교리를 믿는 것을 많이 강조하고 있는 편입니다. 단순히 하나님을 즐거워하고 하나님을 찬양하기 위하여 하나님과 친교의 시간을 갖는 것에 대해서는 그리 강조를 하지 않고 있습니다. 그 결과 교회 내에는 시편 기자가 말한 것과 같은, 하나님을 향한 갈급함이 사라져 가고 있다는 생각이 듭니다. "하나님이여, 사슴이 시냇물을 찾기에 갈급함같이 내 영혼이 주를 찾기에 갈급하니이다"(시편 42:1).

어떤 이는 그리스도와의 이러한 친밀한 교제는 선택된 소수에게만 가능한 것이라고 생각합니다. 그러나 하나님과의 친밀한 교제를 경험한 모든 이들, 예를 들면 에녹, 아브라함, 모세, 다윗, 요한, 바울 등 모든 믿음의 선배들이 우리 모두가 따라야 할 모범입니다. 한번은 그리스도를 간절히 알기 원했던 바울에 대해 묵상한 적이 있습니다(빌립보서 3:10). 나는 빌립보서 3:10을 묵상하면서 주님께 이렇게 아뢰었습니다. "주님, 저도 바울처럼 주님을 알기 원합니다." 여러 해가 지나, 하나님께서는 점차 그 기도에 응답해 주셨습니다. 나는 하루의 삶을 살면서 주님과 개인적인 친교를 나누는 특권을 누리게 된 것에 대해 하나님께 감사하고 있습니다.

어느 찬송가에서 표현하였듯이, 주님께서는 주님을 사랑하는 모든 영혼의 기쁨이십니다. 이 찬송가는 날마다 모든 그리스도인의 심령 속에서 샘솟아야 하는 감정을 아주 아름답게 표현하고 있습니다.

> 주님은 산 떡이시니
> 내가 주님을 맛보며
> 주님 먹기를 갈망하나이다.
> 주님은 샘 근원이시니
> 목마른 내 영혼
> 그 물 마시기 갈급해하나이다.

내가 샌디에이고에서 만난, 2차 대전 참전 해군들의 심령 속에 바로 이러한 주님과의 친밀한 교제에 대한 갈망이 있었습니다. 그들은 평범한 사람들로서 배와 기지에서 평범하게 일상적으로 해야 할 일을 하고 살아가는 사람들이었습니다. 그러나 일상 속에서 그리스도를 더욱 친밀히 알기를 갈망했고, 그 갈망은 다른 사람들에게도 전파되었습니다. 그러한 갈망이 내게도 전해졌습니다.

하나님과의 나눔

하나님과의 친교에는 우리가 살펴보아야 할 면이 하나 더 있습니다. 1장에서 교제의 의미 중 하나가 영적인 것이든 물질적인 소유물이든 자신이 가진 것을 서로 나누는 것임을 보았습니다. 우리는 영적 진리를 나누는 것을 친교라고 부르며, 흔히 이것을 교제라고 합니다.

그러나 한 가지 의문이 있습니다. 우리는 하나님과 무엇을 나눌 수 있을까요? 하나님 편에서는 우리와 나눌 게 많다는 생각이 듭니다. 예를 들면, 말씀을 깨닫게 해 주신다든지, 기도에 응답해 주신다든지, 근심되는 환경에서 평안을 주신다든지, 경건한 삶을 살아갈 능력을 주신다든지, 다른 사람에게 복음을 전할 능력을 주신다든지 등등. 그러나 우리는 하나님과 무엇을 나눌 수 있단 말인가? 하나님과의 교제는 하나님께서 우리에게 축복을 나눠 주시면 우리는 받기만 하는 일방통행과 같은 것인가? 우리가 가진 놀라운 특권 중의 하나가 친교 가운데서 하나님과 나누는 것인데, 그것은 실제로 하나님께 어떤 것을 드리는 것입니다. 하나님께서는 충만하시며 완전하신 분이시기에 우리에게서 아무것도 받으실 필요가 없지만, 우리에게 하나님과 나눌 수 있는 특권을 주셨습니다. 요한계시록 4:6-9에 보면, 네 생물이 하나님 보좌 주위에서 영광과 존귀와 감사를 하나님께 드리고 있습니다. 이것은 우리가 하나님께 드릴 수 있는 것이 무엇인가를 보여 주는 실마리가 됩니다. 우리는 하나님께서 누구신지에 대해 하나님께 찬양과 경배를 드리며, 또 우리를 위해 해 주신 모든 것을 생각하며 감사를 드릴 수 있습니다. 역대상에 기록된 다윗의 경배와 감사의 기도와, 요한계시록에 기록된 경배의 노래는 우리가 하나님과 나눌 수 있는 것을 보여 주는 모델입니다

(역대상 29:10-14, 요한계시록 4:11, 5:9-10,12-13).

그 밖에 하나님께 드릴 수 있는 것은 순종을 통한 우리의 사랑입니다. 주님께 순종하는 자들이 진실로 주님을 사랑하는 자들이라고 예수님께서 말씀하셨습니다(요한복음 14:21). 순종은 매일의 삶 속에서 이루어지지만, 우리를 향한 하나님의 뜻을 아는 것은 하나님과의 친교 시간을 통해서입니다. 하나님께 순종하기로 뜻을 정하는 때가 바로 그때입니다. 마음이 하나님 말씀 앞에서 겸손해지며 말씀의 명령을 기쁨으로 받을 때 하나님께서는 기뻐하십니다. 그리고 하나님의 말씀을 기쁨으로 받을 뿐 아니라 주님께 대한 사랑에서 우러나와 순종할 때 우리는 귀한 것을 하나님께 드리게 되는 것입니다.

우리의 죄를 자백하는 것까지도 하나님과 나누는 것이 될 수 있습니다. 여기에는 올바른 태도가 필요합니다. 우리의 자백이 자기중심적이 아니라 하나님 중심적이라면 그것은 경배의 시간이 될 수 있습니다. 죄를 자백하는 가운데 하나님을 경배한 좋은 예가 에스라 9:5-15과 느헤미야 9:5-38에 나옵니다. 두 기도는 모두 자신들의 죄를 시인할 뿐 아니라, 자신들을 다루시는 데 있어서 하나님의 의로우심, 공의로우심, 은혜로우심을 고백하고 있습니다. 다음과 같은 구절은 자백 가운데서 경배를 표현한 것입니다. "우리의 악한 행실과 큰 죄로 인하여 이 모든 일을 당하였사오나 우리 하나님이 우리 죄악보다 형벌을 경하게 하시고 이만큼 백성을 남겨 주셨사오니"(에스라 9:13). "그러나 우리의 당한 모든 일에 주는 공의로우시니 우리는 악을 행하였사오나 주는 진실히 행하셨음이니이다"(느헤미야 9:33).

그러나 우리의 자백 기도를 보면 너무도 자주 자기중심적입니다. 하나님께 영광을 돌리는 일에 관심을 기울이기보다는 자신의 죄책감을 없애는 데 관심을 쏟습니다. 요한일서 1:9에 약속된 용서와 깨끗게 하심을 겸손히 주장하기보다는 오히려 당당하게 주장하면서 우리의 죄를 가볍게 여깁니다. 예를 들어 어떤 사람에게 참지 못하였다면, 이는 그 사람에게만 잘못한 것이 아니라, 무한히 거룩하신 하나님께 대하여 잘못을 범한 것이라는 근본적인 사실을 인식하지 못합니다. 그러나 자백 기도를 하는 시간을 하나님 중심으로 만든다면, 자백 기도까지도 하나님께 대한 경배의 표현으로 바꿀 수 있습니다.

우리가 하나님께 드릴 때 하나님께서는 도로 우리에게 주십니다. 사실 우리가 하나님께 드린 것은 본래 하나님께서 주신 것입니다. 우리가 하나님께 경배와 감사와 순종을 드리고자 하는 마음을 갖게 된 것도 우리 심령 속에서 역사하시는 성령의 사역의 결과입니다. 하나님께서는 우리에게 하나님의 임재를 느끼게 해 주시며, 이를 통해 기쁨이 충만하게 해 주십니다. 하나님께서는 우리의 마음눈을 밝히셔서 성경 말씀을 깨닫게 하여 주심으로 마음을 뜨겁게 해 주십니다. 예수님께서 부활하신 후 엠마오로 가던 제자들이 경험한 것과 같습니다. "저희가 서로 말하되 '길에서 우리에게 말씀하시고 우리에게 성경을 풀어 주실 때에 우리 속에서 마음이 뜨겁지 아니하더냐?' 하고"(누가복음 24:32). 하나님께서는 우리의 불안과 염려를 평안으로 바꿔 주시며, 하나님의 말씀 안에 있는 귀한 약속을 통해 자신의 신실하심을 우리에게 확신시켜 주십니다. 하나님께서는 우리에게 하나님의 존전에 나아가 마음을 나눌 수 있는 특권을 주시며, 이를 통해 우리는 이 세상의 죄와 비참한 상태를 슬퍼하시는 주님의 마음을 알게 되며 우리도 주님의 마음을 갖게 됩니다. 하나님께서는 자기와 친교를 나눌 사람을 기다리고 계십니다.

성경은 맨 처음부터 하나님께서는 우리와의 친교를 소중히 여기신다는 사실을 보여 주고 있습니다. 창세기 3장에서는 하나님께서 동산을 거닐며 아담과 교제를 갖기 위하여 아담을 부르시는 것을 봅니다. 창세기 5장에 보면, 에녹은 하나님과의 동행 즉 교제하는 삶을 살았습니다. 또 하나님께서는 사람이 그 친구와 이야기하듯이 모세와 얼굴을 맞대고 말씀하셨습니다(출애굽기 33:11). 다윗은 하나님과의 친교를 간절히 원하였습니다. "하나님이여, 주는 나의 하나님이시라. 내가 간절히 주를 찾되 물이 없어 마르고 곤핍한 땅에서 내 영혼이 주를 갈망하며 내 육체가 주를 앙모하나이다"(시편 63:1).

신약성경을 보면, 예수님께서는 사랑하는 자와 거처를 함께 하시겠다고 말씀하십니다. "사람이 나를 사랑하면 내 말을 지키리니 내 아버지께서 저를 사랑하실 것이요 우리가 저에게 와서 거처를 저와 함께하리라"(요한복음 14:23). 이것은 하나님과 사람 사이의 친교를 의미합니다. 빌립보서 3:10에 보면 바울은 그리스도를 더 잘 알기를 간절히 원하였습니다. 또한 요한계시록 3:20에 보면, 예수님께서는 우리 안에 들어오셔서 함께 식사를 하시려고 우리 마음 문을 두드리고 계십니다. 이것은 그분이 우리와 교제하기를 간절히 원하신다는 사실을 잘 보여 주고 있습니다. 무한하시고 영원하신 성부와 성자 하나님께서 성령을 통해 우리와 교제하기를 원하십니다. 얼마나 놀라운 진리입니까? 하나님께서는 그의 아들 예수 그리스도와의 교제로 우리를 부르셨습니다. 하나님께서는 우리를 그리스도 안에 두심으로써 하나님과의 살아 있는 관계로 우리를 부르셨습니다. 하나님께서는 우리를 부르셔서, 하나님과 매일 친교를 가짐으로써 그 관계로부터 나오는 기쁨과 능력을 경험하게 하십니다.

교제의 이 수직적인 면(하나님과의 연합과 친교)은 수평적인 면(신자들 간의 교제)을 위한 기초와 골격이 됩니다. 신자들 간의 유기체적 공동체 관계는 하나님과의 살아 있는 관계를 전제로 하며, 사실상 거기에 달려 있습니다. 그리스도와의 생명적인 연합이 없는 곳에는 신자들이 그리스도 안에 있는 공동의 생명을 함께 나누는 것도 있을 수 없습니다. 마찬가지로, 신자들이 친교 가운데서 서로와 나눌 수 있으려면 먼저 하나님과의 친교를 통해 서로 나눌 것을 받아야만 합니다. 이제 다음에서는 교제의 수평적인 면, 즉 공동의 생명을 나누고, 그 생명에서 나오는 것을 서로 나누는 것에 대해 다루고자 합니다. 기억해야 할 것은 이 모든 것은 하나님과 우리의 수직적 교제가 있을 때만 가능하다는 사실입니다.

4

유기체적 공동체로서의 교제

> 이와 같이 우리 많은 사람이 그리스도 안에서
> 한 몸이 되어 서로 지체가 되었느니라.
> 로마서 12:5

하나님께서는 우리를 구원하시되, 집단적으로 구원하시는 것이 아니라, 한 사람 한 사람 개인적으로 구원하십니다. 각 사람이 복음의 초청에 개인적으로 응답하여 회개하고 믿어야 합니다. 그러나 하나님께서는 우리를 개별적으로 구원하시지만 즉각 우리를 그리스도의 몸으로 한데 합하십니다. 고린도전서 12:13에서 말씀하고 있듯이, 우리는 그리스도 안에서 한 몸이 되었습니다. 모든 국가, 모든 민족, 모든 지역의 모든 신자는 그 몸의 지체입니다. 하나님께서는 전 세계의 모든 신자들을 모아 하나의 영적 공동체를 만드시고, 그 구성원들은 그리스도 안에 있는 공동의 생명을 나눕니다. 교제는 무엇보다 먼저 이 그리스도 중심의 공동체의 구성원들이 하나님 및 상호 간에 가지고 있는 관계를 나타냅니다.

교제의 공동체적 측면은 지리적 위치를 의미하는 것이 아닙니다. 그것은 또한 어떤 목표를 성취하기 위해 물리적으로 가까운 환경에 살도록 선택된 일단의 신자들을 의미하지도 않습니다. 이러한 집단들이 스스로를 하나의 '공동체'라 부를 수는 있어도, 그것이 곧 교제는 아닙니다. 교제는 모든 신자들이 지리적 위치에 관계없이 그리스도 안에서 함께 가지고 있는 관계를 의미합니다.

교제는 또한 지역 교회의 구성원으로서의 관계 그 이상의 의미를 가지고 있습니다. 교회에 새로운 사람이 오면 환영하는 의미에서 교제의 손을 내밉니다. 지역 교회에서 구성원으로서의 의식이 중요하지만, 교제는 훨씬 그 이상을 의미합니다. 성경은 우리가 그리스도 및 전 세계의 모든 신자와 가지고 있는 유기체적인 영적 관계를 표현하기 위해 사람의 몸을 비유로 사용합니다.

객관적인 사실

모든 신자는 자신이 의식하든 않든 그리스도 안에 있는 공동의 생명을 나누고 있습니다. 우리는 전 세계의 수많은 신자들과 교제 가운데 있습니다. 그들 중 대부분을 본 적이 없을지라도, 우리는 그들과 교제 중에 있습니다. 신앙과 실천의 여러 사안에서 의견이 서로 다를 수도 있지만, 여전히 같은 몸의 지체들입니다. 비록 그들 중 일부를 좋아하기가 쉽지 않다 할지라도 우리가 그리스도 안에 있는 공동의 생명을 함께 나누고 있다는 사실을 바꾸지는 못합니다. 우리의 태도도, 우리의 행동도 이 객관적인 교제에 해를 끼치지 못합니다. 우리는 좋아하든 그렇지 않든, 알든 모르든, 모든 그리스도인들과 교제 가운데 있습니다.

교제의 이 객관적 측면은 교제의 경험적 측면을 위한 기초가 된다는 점에서 중요한 의미가 있습니다. 우리가 다른 신자들과 공동의 생명을 나누고 있다는 깨달음은 서로와 교제를 나누려는 마음을 우리 안에 불러일으키게 됩니다. 이것이 교제에 대한 신약성경의 가르침의 핵심입니다.

교제의 객관적 측면을 인정하면서도 교제의 경험적 측면을 부인한다면, 그것은 성경의 분명한 가르침에 상반되는 것이며, 성경에 나타난 하나님의 뜻에 불순종하는 것입니다. 로마서 12:5에서는 이렇게 말씀합니다. "이와 같이 우리 많은 사람이 그리스도 안에서 한 몸이 되어 서로 지체가 되었느니라." 몸의 각 지체는 모든 다른 지체들에게 속해 있습니다. 서로에 대하여 상호 소유권이 있는 것입니다. 나는 당신에게 속해 있고, 당신은 나에게 속해 있으며, 우리 각자는 몸의 모든 다른 지체들에게 속해 있습니다. 이것은 객관적 사실입니다. 우리는 서로에게 속해 있기 때문에 서로에 대한 상호 관심과 보살핌을 통해 이것을 표현해야 합니다. 객관적 교제는 경험적 교제로 나타나야 하는 것이 정상입니다.

로마서 12장에서는 우리가 서로에게 속해 있다는 사실을 말한 후에 이 진리를 아주 실제적으로 적용하여 몇 가지 권면을 합니다. "형제를 사랑하여 서로 우애하고 존경하기를 서로 먼저 하며… 성도들의 쓸 것을 공급하며 손 대접하기를 힘쓰라.… 즐거워하는 자들로 함께 즐거워하고 우는 자들로 함께 울라"(로마서 12:10,13,15). 이것이 경험적인 교제 즉 교제의 성경적 실천입니다. 그러나 이는 몸의 지체들이 객관적인 교제 가운데 있다는 사실, 즉 그리스도 안에서 공동의 생명을 서로와 나누고 있다는 사실을 인식할 때만 일어날 수 있습니다.

서로 돌아봄

우리가 서로에게 속해 있다는 진리는 우리의 삶 속에서 여러 가지 방법으로 도움을 주며 역사합니다. 고린도전서 12:25에서는 이렇게 말씀합니다. "몸 가운데서 분쟁이 없고 오직 여러 지체가 서로 같이하여 돌아보게 하셨으니." 우리는 서로에 대하여 동일한 관심을 가지고 있어야 합니다. 예를 들어, 유혹에 굴복한 동료 신자에 대해 들을 때 어떤 반응을 보입니까? 비판과 정죄의 반응입니까? 뒤에서 수군거립니까? "나 같으면 그렇게 안 할 텐데" 하며 거룩한 체하는 교만한 태도입니까? 만일 그렇다면 성경적 교제를 실천하고 있는 것이 아닙니다. 같은 몸의 지체로서, 비판과 정죄 대신 그를 향한 진정한 관심과 기도가 있어야 합니다. 그리고 잘못을 범한 형제나 자매를 온유한 심령으로 바로잡아 주는 것이 우리가 해야 할 바입니다(갈라디아서 6:1).

그러나 실제로는 다른 신자들에 대한 좋지 않은 이야기를 들으면 속으로 고소해거나 뒤에서 수군수군하는 경향이 있습니다. 하지만 눈에게 이렇게 말하는 귀를 상상할 수 있겠습니까? "여보게, 눈. 자네, 발 이야기 들었나? 지금 아주 어려움이 처해 있다는데? 상처가 아주 심하데. 그러니 내 뭐래. 발이 너무 설치더라니까. 내 그럴 줄 알았지." 우리 몸은 이렇게 반응하지 않습니다. 발이 다쳤는데도 몸 전체가 아파합니다. 단지 한 부분만 다쳤을 뿐인데 왜 온 몸이 아픕니까? 그것은 몸의 지체들은 하나로 결합하고 연합되어 서로 나눌 수 없는 한 몸을 이루고 있기 때문입니다. 그래서 한 부분이 아프면 그 이유가 무엇이든지 간에 몸 전체가 나서서 그 고통하는 지체를 보살펴 낫게 하는 것입니다. 그 고통하는 지체를 공격하거나 무시하는 것이 아니라 몸의 나머지 지체들도 모두 공동 관심을 나타냅니다. 그리스도의 몸도 바로 이와 같이 기능을 해야 합니다.

흔히 다음과 같은 대화를 자주 듣곤 합니다. "여보게, 자네, 해리 부부에 대해 들었는가? 문제가 있는 것 같아. 이혼까지도 생각하고 있나 보던데. 너무 안됐어. 왜 서로 잘 지낼 수 없을까?" 우리는 그리스도의 몸의 다른 지체들에 대해 종종 이와 같이 남의 일 이야기하듯 합니다. 신체적인 몸의 지체들이 서로에 대하여 부정적이고 무관심한 태도를 보이지 않듯이, 우리도 그래야 됩니다. 우리는 어려움 가운데 있는 다른 지체에게 관심을 기울여 그들의 회복을 위해 힘써야 합니다. 그들의 회복을 위해 진정한 사랑과 관심을 가지고 기도해야 합니다. 그러나 그들의 회복을 위해 다른 지체들에게 기도 요청을 할 때 기도 요청을 가장하여 험담을 하지 않도록 주의해야 합니다. 한 지체의 어려움에 대해 다른 지체들에게 이야기할 때 그 지체의 행복을 위하는 진정한 관심과 사랑을 가지고 있어야 하며, 또한 그 지체의 삶 속에서 회복시키시는 성령의 역사를 보려는 참된 동기에서 말해야 합니다.

오늘날 교회 내에서 신자들끼리 뒤에서 수군거리며 정죄하고 서로를 비방하는 일이 너무도 많습니다. 우리는 죄를, 용납할 수 있는 것과 용납할 수 없는 것 두 영역으로 나누어 놓곤 합니다. 성적 부도덕에 대해서는 정죄하면서도, 몸 안의 다른 지체를 비방하는 것에 대해서는 용납합니다. 그러나 고린도전서 6:9-10에서는 성적으로 부도덕한 자들이나 남을 비방하고 욕하는 자들 모두 하나님의 나라를 유업으로 받지 못한다고 말씀합니다. 몸 안에서 이처럼 헐뜯고 욕하는 행동에 대한 해결은 오직 교제의 성경적 의미를 깊이 깨달을 때 가능합니다. 좋든 싫든 우리가 다른 모든 신자들과 교제 가운데 있다는 사실을 분명히 깨달을 때만 우리는 서로에 대한 사랑과 관심과 보살핌 가운데서 그 교제의 의미를 실천해 나갈 수 있습니다.

서로 존경함

그리스도인의 교제는 정죄와 비방 대신 관심과 보살핌이 그 특징이 되어야 합니다. 뿐만 아니라 한 걸음 더 나아가 서로 사랑하고 서로 우애하고 존경하기를 서로 먼저 해야 합니다(로마서 12:10). 참된 교제의 실천은 정죄와 비방을 없앨 뿐 아니라, 신자들 간의 경쟁 또한 없애 줍니다. 몸의 다른 지체가 존귀를 얻으면 모든 지체가 즐거워하는 것이 마땅합니다. 우리는 서로에게 속해 있기 때문입니다. 여기에서 다시 우리는 진정한 교제의 본질을 깨닫지 못함으로 말미암아 성경적 교제의 수준에 미치지 못하는 슬픈 현실을 경험하게 됩니다. 우리는 자신을 그리스도의 몸의 지체로 바라보기보다는, 개별적 존재로 또는 어떤 특정한 그리스도인 집단의 일원으로서만 생각하는 경향이 있습니다.

자신을 전체의 일부로서보다는 개인주의적으로 생각할 때 상호 협동과 존경보다는 경쟁의 마음을 품게 됩니다. 모세는 협동과 존경의 정신을 잘 보여 주고 있습니다. 민수기 11장을 보면, 이스라엘 민족이 광야를 행진할 때 한번은, 하나님께서 모세에게만 주셨던 하나님의 신을 회막에서 모세와 함께 있던 70인 장로들에게도 주셨습니다. 하나님의 신이 임하자 그들은 예언을 하기 시작했습니다. 그들도 모세처럼 여호와의 말씀을 전하기 시작한 것입니다. 그 장로들 중 두 명이 어떤 이유에서인지 모세와 함께 있지 않고 진에 그냥 남아 있었습니다. 그런데 하나님의 신은 그들에게도 임하였고 그들도 예언을 하기 시작했습니다.

그때 모세의 시종인 여호수아가 진에 머물러 있는 두 장로가 예언을 하지 못하게 중단시키도록 모세에게 건의했습니다. 그 두 명은 그 순간에는 회막에 모세와 함께 모인 무리 속에 있지 않았습니다. 그들은 모세를 지지하는 다른 장로들과 함께 회막에 있지 않았습니다. 여호수아는 모세의 권위를 위해 열심이 있었기에 그 두 명에 대해 질투하는 마음이 일어났습니다. 모세와 함께하지 않은 자들을 못마땅하게 생각했습니다. 지도자인 모세의 권위에 대한 도전이라고 생각한 것 같습니다. 그러나 모세는 그 문제에 대하여 전혀 개의치 않았습니다. 모세는 여호수아에게 이렇게 말했습니다. "네가 나를 위하여 시기하느냐? 여호와께서 그 신을 그 모든 백성에게 주사 다 선지자 되게 하시기를 원하노라"(민수기 11:29). 이 구절은 모세의 마음이 겸손하고 넓다는 사실을 잘 보여 주고 있습니다. 모세는 자신의 권위에 대하여 관심을 쏟지 않았습니다. 그보다는 하나님의 백성에 대하여 관심을 가졌습니다. 경쟁적으로보다는 협동적으로 생각하고 있었습니다.

하나님께서 다른 신자나 다른 교회, 또는 다른 기독교 기관을 축복하실 때 우리는 어떤 반응을 보입니까? 우리 자신을 위하여 시기합니까? 자기 교회를 위하여 시기합니까? 또는 자신이 속한 특정한 그리스도인 그룹을 위하여 시기합니까? 하나님께서 우리가 속해 있는 기관보다 다른 기관을 더 축복하시는 것처럼 보일 때 어떻게 반응해야 합니까? 만일 성경적인 교제 개념을 가지고 있는 사람이라면, 우리 모두가 서로에게 속해 있다는 사실을 깨닫고 하나님께서 몸의 다른 지체인 그 기관을 축복하시는 것을 함께 기뻐해야 합니다. 우리가 교제를 그리스도 안에 있는 모든 신자들의 유기체적 공동체로서 인식하는 정도만큼 형제를 사랑하여 서로 우애하고 존경하기를 서로 먼저 하라는 말씀에 응답할 수 있을 것입니다(로마서 12:10). 진정한 교제는 모든 신자들 간의 유기체적 공동체 의식을 반영한다는 인식은 개인 간, 교회 간, 기관 간의 많은 문제를 해결하는 데 실제적인 도움을 주게 됩니다. 이런 의식을 갖게 되면 당신에게 속해 있는 어떤 사람에 대하여 비방하거나 시기하는 것이 어렵습니다.

서로 책망함

이러한 유기체적 공동체 의식을 갖는다는 말이 자신이 가진 확신에 대해 타협하라는 뜻은 아닙니다. 그것은 다른 지체에 대하여 사랑과 보살핌의 태도와 방법으로 대하라는 의미입니다. 행여 어떤 지체의 말과 행동이 교회의 순수성이나 평판에 누를 끼치는 경우에는 염려를 할 수도 있습니다. 이처럼 우리로 근심케 하는 행동을 하는 지체들에 대하여는 염려를 하는 것이 마땅합니다. 그들이 참된 신자라면, 그들 또한 우리와 같이 하나님께 특별한 사람들입니다. 하나님께서는 그들을 거절하지 않으실 것이기에 우리 또한 그들을 거절해서는 안 됩니다. 하나님께서는 그들을 꾸짖으시거나 징계하실 수도 있지만, 사랑의 마음에서 하시는 것이지 거부의 마음으로 하지 않으십니다. 교만하고 미지근한 라오디게아 교회에 대해서도 주님께서는 이렇게 말씀하십니다. "무릇 내가 사랑하는 자를 책망하여 징계하노니 그러므로 네가 열심을 내라. 회개하라"(요한계시록 3:19). 놀랍게도 주님께서는 그 교만하고 미지근한 사람들 안에 들어가셔서 그들과 교제를 할 수 있도록, 회개하고 마음을 주님께 열도록 초청하십니다(20절). 주님께서는 거절 대신 사랑의 책망을 하시며 교제를 위한 호소를 하셨습니다.

주님께서는 라오디게아 교인들과 자신의 수준을 타협하지 않으셨습니다. 주님께서는 그들을 책망하시고 회개하도록 요구하셨습니다. 그러나 주님께서는 그것을 사랑과 보살핌의 태도로 하셨습니다. 그들을 거절하는 대신 교제의 회복을 구하셨습니다. 비록 그들이 잘못을 범한 쪽이었을지라도 주님께서 먼저 교제 회복의 주도권을 쥐셨습니다. 주님께서 그렇게 하신 것은 교만하고 미지근한 그 신자들이 주님께 속해 있기 때문이었습니다.

오늘날에도 마찬가지로, 말과 행동으로 우리를 상하게 하고, 그리스도의 이름에 먹칠을 한다고 생각되는 사람이 여전히 하나님께 속해 있습니다. 하나님께서 그들을 거부하지 않으시고 그들의 회복을 구하신다면, 우리도 똑같이 해야 합니다.

서로를 위한 기도

성경적 교제를 신자들의 유기체적 공동체로 이해할 때 그것은 우리의 기도의 삶에 깊은 영향을 주게 됩니다. 영적으로 어렸을 적에 나는 그리스도인의 삶에 대하여 개인주의적인 태도를 가지고 있었습니다. 나는 그리스도인으로서의 나만의 성장에 관심이 있었고, 거룩함에서의 나만의 진보와, 내가 사역의 기술을 획득하는 데만 관심이 가 있었습니다. 내가 개인적으로 더욱 거룩한 삶을 살며, 내가 더욱 효과적으로 전도할 수 있게 도와주시기를 하나님께 기도했습니다. 또한 내가 나가는 교회와, 내가 일하고 있는 기독교 기관을 하나님께서 축복해 주시기를 기도했습니다. 그러나 진정한 교제에 대해 더욱 깊이 배워 가면서, 나는 '우리'가 그리스도의 몸으로서 거룩함에서 자라 가며, '우리'가 그리스도의 구원의 은혜를 더욱 효과적으로 증거하게 해 주시도록 기도하게 되었습니다. 성장해야 할 필요가 있는 것은 나 혼자만이 아니라 '우리', 즉 그리스도의 몸 전체입니다.

물론 우리는 우리 개인의 책임을 소홀히 할 수는 없습니다. 우리 각자는 그리스도인의 삶에서 성장해 가야 합니다. 몸은 각 지체가 자랄 때 성장합니다. 그러나 우리 관심의 궁극적인 초점은 하나님의 초점과 같아야 합니다. 즉 몸 전체의 성장입니다. 내 자신의 성장에 관심을 갖듯이 다른 지체들의 성장에 대해서도 관심을 가져야 합니다. 신약성경의 교제 개념에는 자기 자신에게만 몰두하는 개인주의적 태도가 끼어들 여지가 없습니다. 물론 모든 신자가 몸 안에서 성장하고 몸 안에서 각기 자기의 기능을 충성스럽게 수행해야 할 개인적인 책임이 있다는 것은 인식하고 있어야 합니다. 그러나 이것은 몸 전체의 관심사는 제쳐 두고 자기 자신의 성장이나 자신이 속한 특정 그룹의 성장에만 최우선적으로 관심의 초점을 두는 개인주의적 태도와는 아주 다릅니다.

오늘날 개개 신자의 제자의 도에 대해 새롭게 강조를 하고 있는 것은 좋은 일이며 건전한 것입니다. 그 까닭은 몸은 개개의 지체들이 성장할 때만 자랄 수 있기 때문입니다. 모든 교회를 위한 관심과 염려 가운데서 바울은 이렇게 말했습니다. "너희도 아는 바와 같이 우리가 너희 각 사람에게 아비가 자기 자녀에게 하듯 권면하고 위로하고 경계하노니"(데살로니가전서 2:11). 바울은 각 사람을 제자로 삼았으나, 그는 그들을 몸 전체와 관련시켰습니다. 그 까닭은 구원을 받을 때 그들은 그 몸의 지체가 되었기 때문입니다.

에베소서 4:16에서 각 지체에 대한 관심과 몸 전체에 대한 관심 사이에 아름다운 균형을 이루고 있는 모습을 볼 수 있습니다. "그에게서 온 몸이 각 마디를 통하여 도움을 입음으로 연락하고 상합하여 각 지체의 분량대로 역사하여 그 몸을 자라게 하며 사랑 안에서 스스로 세우느니라." 몸은 각 지체가 자라면서 제각기 자기의 기능을 제대로 하지 않으면 성장하지 않습니다. 바울은 개개의 신자에게 관심을 가지고 있었지만, 또한 각 지체의 성장과 역사의 더 큰 목적은 사랑 안에서 몸 전체를 세우는 것임을 알았습니다. 하나님께서는 각 개인들마다 특별한 관심을 가지고 계시지만 궁극적인 관심은 그리스도의 몸 전체입니다. 성경적 교제는 무엇보다도 모든 신자들이 서로가 유기체적 공동체 관계라는 사실을 올바로 알 때, 마침내 우리는 그리스도의 몸의 성장과 건강에 대해 깊은 관심을 가지게 됩니다.

5

영적 교제

오직 오늘이라 일컫는 동안에 매일 피차 권면하여
너희 중에 누구든지 죄의 유혹으로 강퍅케 됨을 면하라.
히브리서 3:13

어느 날 그리스도인 친구로부터 긴급한 전화를 받았습니다. 그는 그날 점심 식사를 함께 할 수 있는지 물었습니다. 그동안 주기적으로 만나 함께 점심이나 아침 식사를 하면서, 하나님께서 우리 삶 속에서 하고 계시는 일을 서로 나누고 서로 격려하고 조언하며 기도 제목을 나누곤 했습니다. 우리는 영적 부모와 자녀의 관계도 아니었습니다. 각기 다른 사람들을 영적으로 돕는 일에 참여하고 있었으며, 가끔 이렇게 함께하는 시간을 통해 서로에게 격려와 힘을 주었고, 우리는 이 시간을 귀히 여겼습니다.

그러나 그날은 보통 때와는 달랐습니다. 친구는 상처를 입고 있었습니다. 점심을 먹으면서 그는 직장에서 맞고 있는 몇 가지 어려운 문제에 대해 마음을 털어 놓았습니다. 나는 다 듣고 나서 그가 어떻게 반응해야 하는지 성경 말씀에서 한두 가지 제안을 해 주었습니다. 그리고 그를 위해 기도해 주었습니다. 사무실로 돌아오면서도 그를 위해 기도했고, 그날 저녁 퇴근하여 나의 '긴급' 기도 목록에 그의 필요를 적었습니다.

그의 상황은 금방 또는 극적으로 개선되지는 않았으나, 몇 달이 지나서 하나님께서는 우리의 기도에 응답하셨습니다. 그동안 나는 계속 그를 격려했고 그를 위해 기도했으며, 하나님께서 역사하시는 것을 볼 때까지 그와 함께 여러 가지 대안을 연구했습니다.

이 경우는 영적 교제의 중요성과 필요성을 아주 잘 보여 주고 있습니다. 나는 이러한 교제를 1장에서 상호 간의 '친교'라고 불렀습니다. 하나님께서는 우리가 하나님을 의지하며, 또한 서로를 의지하도록 만드셨습니다. 창세기 2:18의 "사람의 독처하는 것이 좋지 못하니"라고 하신 하나님의 말씀은 결혼이라는 관계에만 적용되는 것이 아니라, 모든 신자들 간의 교제에도 적용되는 원리입니다. 우리 중 어느 누구도 그리스도인의 삶에서 '독처'할 만한 영적 자원을 가지고 있지 못합니다.

영적 교제는 사치품이 아니라 필수품입니다. 우리의 영적 성장과 건강에 없어서는 안 되는 중요한 것입니다. 앞에서 살펴보았듯이, 성경적 교제는 그리스도 안에 있는 공동의 생명을 함께 나누는 것과 하나님께서 우리에게 주신 것을 서로 나누는 것을 포함합니다. 우리가 서로 나눌 수 있는 매우 중요한 것 하나가, 하나님께서 우리에게 가르쳐 주신 영적 진리입니다. 그것은 다른 그리스도인들에게 큰 도움이 될 수 있습니다.

제임스 패커는 이러한 형태의 교제에 대하여 흥미로운 통찰을 보여 주었습니다. "우리는 다른 그리스도인들과의 교제를 영적 사치품, 즉 개인적인 경건의 연습에서 해도 되고 안 해도 되는 임의의 부가 사항으로 생각해서는 안 됩니다. 이러한 교제가 영적 필수품이라는 사실을 인식해야만 합니다. 다른 그리스도인들과의 교제는 나와 하나님과의 교제에 영향을 미칩니다. 하나님과의 교제는 다른 그리스도인들과의 교제를 통해 더욱 깊어지고 풍성해집니다."

성경에는 이에 관하여 가르쳐 주고 있는 구절이 많습니다. 예를 들어, 잠언 27:17에서는 이렇게 말씀합니다. "철이 철을 날카롭게 하는 것같이 사람이 그 친구의 얼굴을 빛나게 하느니라." 하나님께서 우리 각자에게 가르쳐 주시는 것을 서로 나눌 때 우리의 마음과 생각은 자극을 받아 더욱 "날카롭게" 됩니다. 우리는 하나님께로부터 배우듯이 서로에게도 배웁니다.

전도서 4:9-10에서는 이렇게 말씀합니다. "두 사람이 한 사람보다 나음은 저희가 수고함으로 좋은 상을 얻을 것임이라. 혹시 저희가 넘어지면 하나가 그 동무를 붙들어 일으키려니와 홀로 있어 넘어지고 붙들어 일으킬 자가 없는 자에게는 화가 있으리라." 이 말씀은 단지 신체적인 상황에만 적용되는 것이 아닙니다. 이 말씀은 그림을 보듯 생생하게 교제의 중요성을 강조해서 표현하고 있습니다. 먼저, 두 사람이 함께 일하면 협업의 효과가 있기 때문에 혼자 일하는 것보다 더 많이 생산합니다. 함께 성경 말씀을 공부하면 혼자 공부하는 것보다 더 많이 배울 수 있습니다. 서로 자극하게 됩니다. 둘째, 두 사람이 함께할 때 하나가 넘어지거나 넘어질 위험에 있을 때 다른 한 사람이 붙들어 주며 일어나도록 도와줄 수 있습니다. 교제에는 많은 유익이 있는데 그중 하나가 죄의 유혹이나 사탄의 공격에 직면했을 때 서로를 깨우치고 격려하는 것입니다.

히브리서 3:13에서는 교제에서 이 측면의 중요성을 좀 더 강조하고 있습니다. "오직 오늘이라 일컫는 동안에 매일 피차 권면하여 너희 중에 누구든지 죄의 유혹으로 강퍅케 됨을 면하라." 그다음 히브리서 10:24-25에서는 이렇게 말씀합니다. "서로 돌아보아 사랑과 선행을 격려하며, 모이기를 폐하는 어떤 사람들의 습관과 같이 하지 말고 오직 권하여 그날이 가까움을 볼수록 더욱 그리하자." 유혹에 직면했을 때 서로 권하고 사랑과 선행을 서로 격려하고 보호를 받는 것이 필요하며, 그리스도인의 의무에 대한 열심이 식어지고 있을 때 자극을 받을 필요가 있습니다.

모이기를 폐하지 말라는 권면은 단지 주일에 교회에 나가는 것으로 다 되는 게 아닙니다. 그런데도 흔히 이 말씀을 주일에 교회 가는 것을 빠뜨리지 말라는 의미로만 생각하는 경우가 많습니다. 우리가 함께 모여 서로를 격려하고 고무하고 자극할 때 이 말씀의 본뜻을 행하는 것입니다.

수레바퀴 예화의 네 살 중에 하나가 교제입니다. 우리가 주님과의 관계를 유지하는 데 있어서 신자들 간의 상호 격려와 권면의 중요성을 깊이 인식했기 때문에 교제가 여기에 들어 있는 것입니다. 그만큼 그리스도인들 상호 간의 교제는 성령 충만하고 균형 잡히고 승리하는 그리스도인의 삶을 사는 데 꼭 필요한 중요한 요소입니다.

우리는 또한 각자의 사역의 영역에서 계속 수고하도록 도전과 자극과 격려를 얻기 위해 이러한 형태의 교제가 필요합니다. 마태복음 9:37에서 보듯, 예수님께서 추수할 것은 많되 일꾼은 적다고 말씀하셨기에, 우리에게는 세상의 추수 터에서 수고할 헌신된 일꾼들이 필요합니다. 많은 그리스도인들이 학창 시절에는 추수할 일꾼으로서의 훈련에 열심히 드려지고 또 추수하는 일에 참여하기도 하지만, 졸업을 하고 사회에 나가 직장에서 혼자가 되면 일꾼으로서의 삶을 더 이상 살지 않는 경우가 종종 있습니다. 그러면 이들로 하여금 계속 일꾼의 삶을 살도록 유지시켜 주는 것은 무엇입니까? 여러 가지 요소가 많이 있겠지만, 그중에 하나가 바로 교제입니다. 즉 같은 마음을 가진 그리스도인들끼리 모여 서로 격려하며 자극하고 도전하고, 또 서로에게 책임을 지는 교제가 필요합니다. 가정과 직장의 많은 필요와 요구, 기타 여러 가지 해야 할 일은 자꾸만 우리의 관심을 하나님께서 우리를 부르신 사역에서 벗어나게 합니다. 이때 동일한 비전을 함께 가지고 있는 그리스도인들과의 교제를 통해 격려와 자극을 받는다면 관심을 잃지 않고 계속 일꾼으로서의 부르심에 합당한 삶을 살 수 있게 됩니다.

사도 바울 자신도 다른 그리스도인들과의 교제의 필요성을 인식하였습니다. 로마에 있는 교회에 쓴 편지 가운데서 그러한 마음을 표현하고 있습니다. "내가 너희 보기를 심히 원하는 것은 무슨 신령한 은사를 너희에게 나눠 주어 너희를 견고케 하려 함이니, 이는 곧 내가 너희 가운데서 너희와 나의 믿음을 인하여 피차 안위함을 얻으려 함이라"(로마서 1:11-12). 그는 로마에 있는 그리스도인들의 믿음을 견고케 하고 격려해 주기를 원했을 뿐만 아니라, 그들이 그의 믿음을 견고케 하고 격려해 주기를 원했습니다. 그는 항상 다른 신자들과의 교제가 필요함을 알고 있었습니다.

사도신경에서도 "성도가 서로 교통하는 것", 즉 성도의 교제를 언급하는데, 이는 유기체적 공동체로서의 교제[교제의 객관적 측면]와 아울러 신자들 상호 간의 영적 교제[교제의 경험적 측면]를 말하고 있습니다. 제임스 패커는 이렇게 말합니다. "청교도들은 하나님께 친구를 달라고 기도하곤 했습니다. 마음속에 있는 모든 것을 숨김없이 나누며 함께 기도할 수 있는 그런 친구 말입니다. 이와 더불어 그들은 함께 모여 영적인 대화를 나누기를 원했고, 정기적으로 그런 대화 시간을 가졌습니다."

이와 같이 성경이 우리에게 영적 교제의 중요성을 가르치고 있으며, 교회사가 그것을 확증합니다. 하지만 어떻게 교제를 시작합니까? 어떻게 해야 성경이 말하는 그런 영적 교제를 가질 수 있을까요?

첫째, 그리스도인 상호 간의 교제는 하나님과의 교제를 전제로 합니다. 우리가 하나님과 친교를 갖고 하나님으로부터 배우고 있지 않다면 다른 사람들과 나눌 것이 없습니다. 뿐만 아니라 하나님으로부터 직접 배우고 있지 않다면, 다른 사람들로부터 배우는 일에는 더더욱 민감하지 못할 것입니다. 또한 귀 기울여 듣는 일에 둔하게 될 것입니다. 제임스 패커는 이렇게 말합니다. "그러므로 하나님과의 교제는 그리스도인의 교제의 원천이요 목적입니다. 그리스도인의 교제는 하나님과의 교제에 이르는 수단입니다." 하나님과의 교제는 참으로 그리스도인의 교제의 기초요 목표입니다.

둘째로, 영적인 교제에는 상호 헌신과 책임이 따릅니다. 함께 모이는 일에 성실해야 하고, 서로에게 마음을 열고 솔직해야 하며, 나누는 내용에 대해서는 반드시 비밀을 지켜야 합니다. 서로를 위해 격려하고 충고하고 기도할 책임이 있습니다. 서로의 삶에 책임을 느껴야 합니다. 이것은 나의 삶에 대한 책임을 다른 이들에게 전가하는 것도 아니고, 그들의 삶에 대한 책임을 내가 떠맡는 것도 아닙니다. 서로 격려하고 책임을 짐으로써 서로를 돕는 것입니다.

이러한 높은 수준의 헌신은 소수의 사람들과만 이루어집니다. 때로는 그 대상이 한 명일 수도 있습니다. 이러한 깊은 교제는 모든 그리스도인들과 유지될 수는 없으며, 하나님께서도 그것을 의도하시지는 않습니다. 객관적으로는 우리가 전 세계의 모든 그리스도인들과 교제 가운데 있지만, 우리의 주관적인 경험에서 볼 때 이러한 교제는 단지 몇 사람과만 유지될 수 있습니다. 우리는 이러한 헌신과 책임의식을 가지고 서로 교제할 수 있는 몇 사람을 주시도록 하나님께 기도해야 합니다.

상호 간의 영적 교제가 하나님과의 개인적인 교제 및 서로에 대한 상호 헌신을 내포하고 있다는 사실을 받아들이면서, 서로 간에 생명적인 교제를 경험하도록 도와줄 몇 가지 실제적인 제안과 구체적인 활동을 살펴봅시다.

성경의 진리를 나눔

첫째, 우리는 서로 간에 성경의 살아 있는 진리를 나누어야 합니다. 영적 교제는 항상 성경의 가르침이 중심이 되어야 합니다. 사도 요한은 예수 그리스도에 대한 진리를 교제로 초대하는 초청의 기초로 삼았습니다(요한일서 1:1-3). 앞에서 두 사람 또는 그 이상의 신자들이 하나님께서 그들에게 가르쳐 주고 계시는 것을 함께 나눌 때 일어나는 협업 효과에 대해 언급한 바 있습니다.

시편 기자는 하나님께 이렇게 아뢰었습니다. "주의 입의 모든 규례를 나의 입술로 선포하였으며"(시편 119:13). 시편 기자는 하나님께서 자기에게 가르쳐 주시는 것을 다른 사람들에게 알렸습니다. 이를 통해 다른 사람들을 세워 주었을 뿐만 아니라, 하나님의 진리를 그 자신이 더욱 깊이 이해하게 되었습니다. 자신의 생각을 다른 사람들과 나눌 때 우리는 그 생각을 더욱 조직화하고 명확하게 정리하게 되며, 이를 통해 배우게 됩니다.

어떤 그리스도인들은 이러한 종류의 교제에 두려움과 불안을 느낍니다. 그들은 자기는 나눌 게 아무것도 없다고 생각합니다. 누가 "하나님께서 최근 당신에게 가르쳐 주신 것이 무엇입니까?"라고 물어 오는 것을 두려워합니다. 이러한 두려움을 극복하는 한 가지 실제적인 방법은 매일 경건의 시간이나 성경 읽기 등을 통해 배운 중요한 진리를 적어 두는 것입니다. 한 문장을 적을 수도 있고, 여러 문장을 적을 수도 있습니다. 그것은 그 진리에 대해 당신이 어떻게 묵상하였는지에 따라 다릅니다. 그 다음 그리스도인 친구와 매주 함께 만날 약속을 하고 그 주간에 성경에서 배운 바를 서로에게 이야기하십시오.

다른 사람과 나누기를 시작할 수 있는 또 하나의 방법은 함께 성경 암송을 하는 것입니다. 물론 성경 말씀을 암송하는 것은 개인적으로 하고, 일주일에 한 번씩 모여서는 암송한 구절을 서로 점검해 주고 그 구절을 통해 하나님께서 가르쳐 주신 바를 나누면 됩니다. 정기적으로 이렇게 할 때 잠언 27:17 말씀처럼, 철이 철을 날카롭게 하는 것과 같이 사람이 그 친구의 얼굴을 빛나게 하는 것을 경험하게 됩니다.

성경 읽기를 통해 얻은 것이든, 아니면 성경공부나 성경 암송 등에서 얻은 것이든, 성경의 진리를 서로와 나누는 것은 우리의 실제 삶과 연관된 것이어야 합니다. 그 성경 말씀들을 통해 새로이 깨달은 것을 나누는 것만으로는 충분치 않습니다. 깨닫고 배운 바를 실생활에 적용해야 합니다. 성경을 단지 지식적으로 아는 것으로 그치지 않고 실제 삶 속에서 적용할 때 그 말씀은 삶 속에서 열매를 맺습니다.

그런데 하나님으로부터 배운 것을 다른 사람들과 나눌 때 조심해야 할 점이 있습니다. 자칫하면 듣는 일에 실패할 수 있다는 사실입니다. 너무도 자주 우리는 자신이 배운 바를 이야기하는 데만 열심인 나머지, 다른 사람들이 나누는 내용에는 귀 기울이지 않는 경우가 있습니다. 그렇게 되면 하나님께서 다른 그리스도인들을 통해 우리에게 말씀하시는 것을 듣지 못하게 됩니다. 이러한 경우에는 진정으로 교제하는 데에 관심이 있는 게 아니라, 자신의 성경 지식을 과시하는 데 관심이 있는 것입니다. 이러한 유혹을 받을 때면 다음과 같은 예수님의 기도 내용을 명심하는 것이 좋습니다. "이때에 예수께서 성령으로 기뻐하사 가라사대 '천지의 주재이신 아버지여, 이것을 지혜롭고 슬기 있는 자들에게는 숨기시고 어린 아이들에게는 나타내심을 감사하나이다. 옳소이다. 이렇게 된 것이 아버지의 뜻이니이다'"(누가복음 10:21). 하나님께서는 더듬는 혀와 입술을 가지고 말하는 자를 통하여 우리에게 말씀하실 수도 있습니다.

서로에게 마음을 엶

그러나 영적 교제는 성경의 진리를 나누는 것 그 이상입니다. 여기에는 또한 우리의 축복과 기쁨뿐만 아니라, 우리의 허물과 죄, 실패, 실망까지도 나누는 것이 포함됩니다. 우리의 영적 교제 전체를 통해 우리는 상호 권면, 격려, 기도에 관심을 가져야 합니다. "이러므로 너희 죄를 서로 고하며 병 낫기를 위하여 서로 기도하라. 의인의 간구는 역사하는 힘이 많으니라"(야고보서 5:16).

교제의 이 측면은 우리 대부분을 움츠러들게 할 수도 있습니다. 우리 자신의 죄는 고사하고, 의심과 실망까지도 드러내기를 꺼리기 때문입니다. 물론 우리의 문제는 자존심 또는 교만입니다. '다른 사람이 내가 죄를 범했다는 사실을 알면 나에 대하여 어떻게 생각할까' 하는 두려움이 있는 것입니다. 우리는 "사람이 감당할 시험 밖에는 너희에게 당한 것이 없나니, 오직 하나님은 미쁘사 너희가 감당치 못할 시험 당함을 허락지 아니하시고, 시험당할 즈음에 또한 피할 길을 내사 너희로 능히 감당하게 하시느니라"라는 고린도전서 10:13 말씀을 기억하지 못합니다. 이 말씀은 우리가 당하는 유혹은 사람들에게 공통이라는 의미이기도 합니다. 아마 십중팔구 당신이 함께 교제하려는 그 그리스도인도 동일한 유혹과 싸우고 있든지, 아니면 늘 그를 괴롭히는 다른 유혹과 싸우고 있을 것입니다.

상대방이 직면하고 있는 싸움들을 알지 못하면 우리는 서로를 격려하고 동기 부여하고 기도해 줄 수 없습니다. 청교도들에 대해 제임스 패커가 한 말을 기억하기 바랍니다. 청교도들은 자신의 모든 것을 나눌 수 있는 친구를 달라고 하나님께 간절히 구했습니다. 우리도 이러한 친밀한 친구를 달라고 기도해야 합니다. 그리고 그러한 친구를 발견한 후에는 그에게 우리의 삶을 기꺼이 열어야 합니다.

책임을 짐

영적 교제는 서로에게 마음을 여는 것 그 이상입니다. 거기에는 또한 상호 책임이 따릅니다. 서로를 권면하고, 서로에게 복종하는 개념은 모두 상호 책임의 개념을 지니고 있습니다(골로새서 3:16, 에베소서 5:21). 여기서 서로 책임을 진다는 것은 자기 삶에 대하여 기꺼이 상대방의 점검과 도전을 받는 것을 말합니다. 예를 들어, 당신과 내가 영적 교제에 헌신했다면, 우리는 어떤 영역들, 이를테면 규칙적인 경건의 시간, 성경공부, 성경 암송이나 묵상 등에 대해 서로에게 책임을 지기로 약속할 수 있습니다. 우리는 정기적으로 함께 만날 때 이 영역들에 대해 솔직하게 각자 자신의 상태를 이야기하고 상대방의 점검을 받아야 하는 것입니다.

책임을 져야 할 또 하나의 영역은 이른바 '약점의 영역'입니다. 이 약점은, 예를 들어 시간 관리에서 훈련이나 절제의 부족 같은 기질상의 약함일 수도 있고, 자신이 특별히 공격에 취약한 '끊임없이 괴롭히는 죄'일 수도 있습니다. 당신이 기질상의 약점이나 특별히 강력한 유혹과 싸우고 있다면, 주님 안에서 가까운 사람과 그 문제들을 기꺼이 나누어야 합니다. 또 그 사람의 기도 지원을 부탁하기도 하며, 자원하여 그에게 조언을 구하거나 점검을 받는 것도 좋습니다. 그러면 그 약점을 극복하거나 유혹을 물리치는 데 큰 힘을 얻게 됩니다.

책임을 지는 태도는 특별히 일대일 제자 훈련에서 매우 중요한 요소입니다. 이 책은 이와 같은 제자 훈련에는 초점을 맞추지 않았지만, 영적 교제의 개념은 다른 사람의 삶을 일대일 관계를 통해 세워 주는 데 필수 요소입니다. 그러한 밀접한 개인적 관계의 수준에서는 상호 신뢰와 개방과 관심과 책임성이 없으면, 가르침과 훈련이 성공적으로 이루어질 수 없습니다. 제자 훈련을 받는 사람은 제자 훈련을 시키는 사람에게 책임을 져야만 하며, 그렇지 않으면 모든 제자 훈련 과정은 무너지기 쉽습니다. 그러나 제자삼는 자 또한 사랑과 신뢰의 분위기와 관계를 형성하기 위하여 상대방에게 자신의 삶을 기꺼이 개방해야만 합니다. 나의 경험으로 보건대, 나의 실패와 약점을 내가 제자로 삼고 있는 사람에게 개방할 때 그는 격려를 받고 나에게 자신의 마음과 삶을 열고 나누게 되었습니다.

함께 기도함

영적 교제의 네 번째 요소는 서로를 위해 함께 기도하는 것입니다. 청교도들은 그들의 모든 것을 나눌 수 있는 사람을 원했을 뿐만 아니라, 완전한 기도 파트너가 될 사람을 원했습니다.

때로 우리는 여러 사람 앞에서는 나누기가 부적당한 기도 제목이 있기도 합니다. 이런 경우에도 마음을 나눌 수 있는 친구와는 그런 기도 제목을 나눌 수 있습니다. 남들 보기에 아무리 사소한 기도 제목도, 아무리 곤란한 기도 제목도 친밀한 영적 교제를 가지고 있는 사람에게는 부담 없이 나눌 수 있습니다.

앞에서 이미 헌신과 책임이라는 두 개념을 언급했듯이, 내가 어떤 사람과 상호 헌신을 했고, 그 사람에 대한 영적 책임을 맡았다면, 그 책임은 상호 기도의 헌신이 없이는 수행될 수 없습니다. 하나님께서는 주로 기도의 결과로서 다른 사람의 삶 속에서 역사하십니다. 상대방은 내가 나눈 말씀의 진리에서 도움을 얻을 수도 있고, 나의 권면과 격려의 말에서 도움을 얻을 수도 있습니다. 그러나 하나님께서는 나의 기도의 결과로서 그렇게 하십니다. 오랫동안의 성경공부와 개인적인 경험을 통해 확신하게 된 것은, 기도는 내가 다른 사람의 삶 속에서 할 수 있는 가장 중요한 사역이라는 사실입니다. 따라서 내가 다른 신자들과 친밀한 영적 관계를 갖기를 진실로 원한다면, 그들을 위하여 기도하는 일에 자신을 헌신해야 합니다.

교제의 자격

다른 신자와의 개인적이고 친밀한 영적 교제의 필요성과 중요성을 확신하게 되면, "그러면 나는 이러한 교제를 누구와 가질 수 있습니까?"라고 묻게 될 것입니다. 앞에서 상호 헌신, 마음을 열고 나눔, 격려와 권면을 기꺼이 주고받음 등에 대해 살펴보았는데, 이를 통해 분명한 것은 그리스도의 몸 안에서, 어느 누구와 저절로 이러한 관계를 맺게 되는 것은 아니라는 점입니다. 두 사람 다 충족시켜야 할 자격 요건이 있습니다. 마음을 나눌 수 있는 친구를 달라고 기도하고 나서, 하나님께서 당신에게 주실 사람을 찾을 때 고려해야 할 몇 가지 사항이 있습니다.

- ❖ 다른 사람들에게 대한 섬김의 영역에서나 성품 면에서 주님 안에서 성장하려는 마음이 있고, 그것이 행동으로 나타나는 사람.
- ❖ 당신의 필요, 좌절, 유혹 등을 이해하고 동일시할 수 있는 사람. 우리에게 이해가 필요한 것이지 동정이 필요한 것이 아닙니다.
- ❖ 당신의 마음속 깊은 곳에 있는 것까지도 안심하고 나눌 수 있을 만큼 온전히 신뢰할 수 있는 사람.
- ❖ 당신의 영적 행복을 위해 기꺼이 헌신할 수 있는 사람.
- ❖ 당신의 삶을 위한 모든 답을 가지고 있지는 않다는 성숙한 인식과 함께, 그 답을 찾기 위해 기꺼이 당신과 함께 고민하고 기도하고 성경 말씀을 상고해 보려는 자원함이 있는 사람.
- ❖ 당신의 잘못된 태도나 행동에 대해 가만히 있지 않고 솔직하게 자신의 생각을 말하며 권면과 책망과 도전을 해 줄 수 있는 사람.

이제 막 영적으로 성장하기 시작하는 사람은 일대일로 그들의 영적 성장을 도와줄 수 있는 사람에게서 이러한 교제를 먼저 구하는 것이 좋습니다. 격려와 기도가 필요한 어린 그리스도인에게는 비슷한 수준에 있는 그리스도인들과의 교제도 도움이 되는데, 거기에는 반드시 성경을 더욱 깊이 알고 삶에 적용하는 면에서 더욱 성장하도록 동기를 부여하고 도와주는 교제 환경이 뒤따라야 합니다. 보다 성숙한 그리스도인들은 거의 대부분 비슷한 영적 수준에 있는 그리스도인들과 동료 관계로서의 영적 교제를 하고자 할 것입니다.

소규모 그룹에서의 교제

지금까지 영적 교제에 대한 논의는 우선적으로 일대일 교제에 초점을 두었습니다. 물론 이는 영적 교제의 가장 기본 단위라 할 수 있습니다. 하지만 그게 전부는 아닙니다. 또 하나의 일반적인 교제의 단위로 소그룹을 들 수 있습니다. 대부분의 소그룹은 오늘날 성경공부를 중심으로 하여 구성되어 있습니다. 그룹 구성원들은 성경 말씀을 배우는 일에 힘씁니다. 그러나 성경 말씀만 배우는 것이 아니라, 서로 필요를 나누고 서로를 위해 기도하며, 서로에게 책임을 집니다. 성경공부를 위한 소그룹, 봉사를 위한 소그룹, 기도를 위한 소그룹 등 특정한 목적을 위한 소그룹 모임들이 있지만, 영적 교제를 위한 그룹은 앞에서 말한 성경공부, 필요를 나눔, 책임을 지는 태도, 서로를 위한 기도 등을 모두 포함하고 있는 것이 이상적입니다.

앞에서 두 사람이 성경에서 배운 것을 함께 나누는 협업의 효과에 대해 언급하였듯이, 소그룹에서는 동일한 성경 본문에 대하여 더 많은 사람의 생각을 들을 수 있기 때문에 그 효과가 크게 배가될 수 있습니다. 물론 이것은 각각의 구성원들이 성경 말씀을 깨닫기 위해 성령을 의지하고 있다는 것을 전제로 합니다. 우리가 서로 생각을 자극한다 할지라도, 성령의 사역을 떠나서는 성경을 깨달을 수 없습니다.

소그룹에 활용할 수 있는 자료가 많지만 이 책에서는 다루지 않겠습니다. 내 자신의 경험을 통해 한마디 주의의 말을 한다면, 영적 교제의 목표는 하나님과의 관계에서 발전을 이루도록 서로 격려하는 것인데, 진실로 소그룹이 이 목표를 성취하기 위해서는 사랑과 관심 가운데 서로를 돌아보는 일이 필요하다는 점입니다. 소그룹에서는 일대일 관계에서보다 영적 교만에 빠질 위험이 더 큽니다. 우리는 성경공부를 통해 얻은 지식으로 인해 영적으로 교만해질 수 있습니다. 또한 남보다 한 발 앞서고 싶어 하는 마음을 품게 될 위험도 있습니다. 하나님의 말씀을 매일의 삶에서 적용하기보다는 지식적인 수준에 머물 수도 있습니다.

그룹의 규모가 커질수록 영적인 교제는 더 어려워집니다. 분명히 친밀감이 떨어지고, 결과적으로 각자의 삶 속에서 일어나는 것을 다른 사람들과 나눌 기회가 감소되고, 또한 자유로이 나누기가 점점 꺼려집니다. "몇 명과 친교를 가지고, 한 명과 친밀해지라. 모든 사람을 공평하게 대하고, 아무에 대해서도 나쁘게 이야기하지 말라"라는 청교도들의 옛 격언은 이러한 소수의 몇 명과의 교제를 구하는 것이 중요함을 말해 줍니다.

경건한 청교도들은 극한 어려움 속에서도 영국의 역사를 바꾸어 놓았습니다. 그들은 진정한 영적 교제의 중요성을 깨달았습니다. 청교도 시대에, 많은 경건한 목사들이 박해를 받았으며 교회에서 추방당했습니다. 그들은 그들을 대적하는 사람들의 쉴 새 없는 공격과 괴롭힘을 피하기 위해 도시 외곽에 있는 숲에서 함께 모였습니다. 서로 격려하고 서로를 고무시키는 것은 극한 어려움 가운데 있던 그들에게는 절대적으로 필요한 것이었습니다. 그들에게 교제는 사치품이 아니라, 긴급한 필수품이었습니다.

그러므로 우리는 교제의 폭에 대한 청교도들의 충고를 주의 깊게 살펴보아야 합니다. 그들은 교제가 깊이를 더하기 위해서는 그 폭이 제한되어야 한다는 사실을 깨달았습니다. 즉 몇 사람과 친교를 갖고, 한 사람과 친밀해지라는 것입니다. 그 이상이 되면 교제는 피상적인 성격을 띠기 쉽고, 많은 사람에게 교제로 잘못 알려진, 그리스도인의 사교적 관계로 전락하게 됩니다. 우리는 마태복음 18:20에 있는 예수님의 말씀을 문자 그대로 받아들여야 할 필요가 있을지도 모릅니다. "두세 사람이 내 이름으로 모인 곳에는 나도 그들 중에 있느니라." 물론 두세 사람보다 많은 모임에는 예수 그리스도께서 함께 계시지 않는다는 말은 아닙니다. 그러나 예수님께서는 이 말씀에서 소그룹 교제의 중요성을 특별히 강조하고 계시는 것입니다.

지역 교회

사도행전 2:42을 다시 봅시다. "저희가 사도의 가르침을 받아 서로 교제하며 떡을 떼며 기도하기를 전혀 힘쓰니라." 이 구절을 통해서 분명한 것은, 초대 교회는 하나님의 말씀을 듣고 함께 기도하는 것과 더불어 신자들 간의 교제를 그들의 영적 건강을 위한 중요한 요소로 생각했다는 사실입니다. 그러나 오늘날의 교회에서는 이러한 차원의 교제에는 거의 관심을 기울이지 않는 듯 보입니다. 우리는 말씀의 가르침을 받기 위한 모임을 가지며, 때때로 기도 모임을 가집니다. 그러나 참된 영적 교제를 자극하기 위해서는 거의 아무것도 하지 않는 것 같습니다. 자주 교제의 이름으로 진행되는 것은 단지 몸 안에서의 사교적 활동입니다. 그것이 중요한 활동이기는 하나 상호 영적 자극의 필요를 거의 채워 주지 못하고 있습니다.

그러므로 지역 교회와 기독교 기관의 지도자들은 구성원들 간의 참된 영적 교제를 자극하는 일에 주의 깊은 관심을 기울일 필요가 있습니다. 이러한 교제의 방법은 다양할 수 있습니다. 그러나 영적으로 서로를 격려하고 자극한다는 목표와 '폭보다는 깊이'라는 원칙을 항상 가장 먼저 기억해야 합니다. 아마 대다수의 그리스도인들이 영적 교제의 중요성을 인식하지도 못하고 있으며, 그것을 어떻게 하는지도 모를 것입니다. 그들에게는 교제의 참된 성경적 실천에 대한 가르침과 격려가 둘 다 필요합니다.

좋은 교회나 그룹의 특징에는 영적 교제의 따뜻함이 있어야 합니다. 이 측면은 그들의 가르침의 건전성과 사역의 활기만큼 이나 중요합니다. 바울은 로마의 신자들을 칭찬했는데, 그들이 "스스로 선함이 가득하고 모든 지식이 차서 능히 서로 권하는 자"이었기 때문입니다(로마서 15:14). 그들은 분명히 영적 교제에 참여하여, 서로를 세워 주며 서로를 돌아보았습니다.

하나님께서는 교제를 기뻐하심

구약성경의 끝부분인 말라기를 보면, 하나님의 마음이 잘 나타나 있습니다. 또한 신자들 간의 영적 교제를 하나님께서 얼마나 소중하게 여기시는지를 엿볼 수 있습니다. 바사왕에 의해 옛 땅으로 돌아왔으나, 종교적으로는 다시 부패하고 타락하고 하나님을 경배하지도 순종하지도 않는 이스라엘 민족이 그 배경입니다. 심지어 많은 이들이 하나님을 섬겨 봐야 헛일이라고 불평하고 있었습니다(말라기 3:14-15).

그러나 그러한 영적 쇠퇴 가운데서, 하나님을 경외하고 함께 교제를 가진 그룹이 있었습니다. "그때에 여호와를 경외하는 자들이 피차에 말하매 여호와께서 그것을 분명히 들으시고 여호와를 경외하는 자와 그 이름을 존중히 생각하는 자를 위하여 여호와 앞에 있는 기념책에 기록하셨느니라"(말라기 3:16). 이 구절에 교제와 연관하여 두 가지가 분명하게 나타나 있습니다. 첫째, 경건한 유대인들은 교제를 중요하게 여겼다는 사실입니다.

틀림없이 그들은 민족이 쇠퇴하는 그 어려운 상황에서 서로를 격려하는 것이 절대적으로 필요하다는 사실을 배웠을 것입니다. 둘째, 이에 못지않게 중요한 것은, 그들의 교제를 하나님께서 기뻐하셨다는 분명한 사실입니다. 하나님께서는 그들이 교제할 때 들으시고, 그것을 특별히 기록하셨습니다. 하나님께서는 기념책에 하나님을 경외하며 서로를 격려하고 서로를 세워 주기를 힘썼던 이 경건한 사람들에 관하여 기록하셨습니다.

지혜가 무한하시고 영원하신 하나님께서 기억력이 부족해서 자기 백성들의 은혜로운 행위를 기억나게 해 줄 기념책을 가지고 계신 것이 아님은 분명합니다. 이 모든 것은 우리를 위해서입니다. 하나님께서 자기 백성들 간의 참된 영적 교제에 중요성을 부여하고 계신다는 사실을 우리로 하여금 깨닫도록 하기 위한 것이며, 또한 그 교제가 하나님의 마음에 기쁨을 드린다는 사실을 알도록 하기 위한 것입니다.

6

복음에 참여함

> 내가 너희를 생각할 때마다 나의 하나님께 감사하며
> 간구할 때마다 너희 무리를 위하여 기쁨으로 항상 간구함은
> 첫날부터 이제까지 복음에서 너희가 교제함을 인함이라.
> 빌립보서 1:3-5

사도 바울은 빌립보 성도들에게 편지하면서, 그들이 첫날부터 이제까지 복음 안에서 교제함을 인하여 그들을 생각할 때마다 하나님께 감사하며 기도한다고 했습니다. 그들 대부분은 빌립보라는 도시를 떠난 적이 없을지라도 다른 곳에 복음을 전파하는 데 바울과 함께 열심히 참여했다고 바울은 여기고 있습니다. 1장에서 살펴보았듯이, 교제가 여기서는 동업 또는 동역과 같은 의미로 사용되었습니다.

교제라는 말을 생각할 때 우리는 그리스도의 몸 안에서 서로 즐거워하고 서로를 세워 주는 것을 떠올리기 쉽습니다. 이는 아주 정당하고 필요한 것입니다. 신자들은 서로에 대하여 관심을 갖고, 서로를 믿음 안에서 세워 주며, 서로를 즐거워해야 합니다. 그러나 또한 구세주를 필요로 하는 죄인들로 가득 찬 어지러

운 세상을 바라보아야 합니다. 서로를 세워 주고 즐기는 영적 친교를 가질 뿐 아니라, 복음을 전파하는 데 함께 참여하는 동역자가 되어야 합니다. 우리의 교제 밖에 있는 사람들을 하나님의 백성들의 교제 가운데로 인도하는 일에 초점을 두어야 합니다. 바울이 빌립보 성도들을 복음 안에서 그의 동역자라고 여긴 것은 이러한 의미에서입니다.

헌금으로 참여함

바울은 왜 빌립보 성도들의 동역을 그토록 기뻐했습니까? 그들은 바울과 함께 고향 빌립보를 떠난 적이 없었는데, 그들이 어떻게 바울의 선교 사역에 참여했습니까? 이 질문에 대한 대답이 빌립보서 4장에서 발견됩니다. 10절부터 시작하여 바울은 빌립보 성도들이 로마에 있는 그에게 보내 준 경제적 지원에 대해 마음에서 우러나오는 감사를 표현합니다. 15절에서 이렇게 말합니다. "빌립보 사람들아, 너희도 알거니와 복음의 시초에 내가 마게도냐를 떠날 때에 주고받는 내 일에 참예한 교회가 너희 외에 아무도 없었느니라." 빌립보 교회는 그의 복음 사역에 동역자로서 참여한 유일한 교회였음을 강조하고 있습니다.

빌립보 성도들은 바울에게 물질적 지원을 함으로써 복음 전파에 바울의 동역자가 되었습니다. 그들은 복음을 알게 된 맨 처음부터 그렇게 했습니다. 그들은 그리스도인 공동체 내의 교제는 '동역하는' 곧 '함께 일하는' 관계임을 배운 것입니다. 그들은 자신들이 다른 도시로 가서 복음을 전파해야 할 선교사적 책임을 가지고 있다는 것과, 그 책임을 이룰 수 있는 한 가지 주된 방법이 선교사인 바울의 사역을 위해 물질적으로 돕는 것임을 깨달았습니다. 바울에게 한 헌금을 통해 바울과 한 팀을 이루어 동역한 것입니다.

바울은 빌립보 성도들을 자신의 동역자로 인정하였습니다. 그들의 동역에 대하여 하나님께 감사했을 뿐 아니라, 그들의 물질적 참여에 대하여 하나님께서 보상하여 주실 것을 확신시켜 주었습니다. 17절에서 이렇게 말합니다. "내가 선물을 구함이 아니요 오직 너희에게 유익하도록 과실이 번성하기를 구함이라." 바울 자신이 자기의 수고에 대한 상급을 받듯이, 빌립보 성도들도 그 상급을 자신과 함께 나눌 것을 확신하였습니다. 그들이 동역자로서 바울의 선교 사역에 투자했으므로, 그들은 동업자로서 그 사업의 열매를 함께 나누어 갖게 될 것입니다. 바울과 빌립보 성도들은 진실로 복음 안에서 동역자였습니다.

모든 그리스도인은 오늘날 복음 사역에서 동역자라는, 빌립보 성도들이 가졌던 것과 동일한 특권을 가지고 있습니다. 우리 각자에게는 다른 이의 사역에 참여할 기회가 있습니다. 자기 나라의 다른 지방에서일 수도 있고, 다른 나라에서일 수도 있습니다. 국내든 국외든 선교사나 선교 단체의 사역에 동역자로 참여하고 있는 것입니다. 그리고 그 대가로 우리가 투자한 것에 비례하여 그 사역의 열매를 나눌 것입니다.

나는 오랫동안 공산국가에 있는 사람들을 위하여 깊은 관심을 가져 왔는데, 아마도 그들이 압제적인 적그리스도 체제하에서 살고 있기 때문일 것입니다. 아직은 내가 거기에 개인적으로 직접 감으로써 그 관심을 표현할 수 있는 길이 없습니다. 그러나 그 사람들에게로 갈 수 있는 다른 길은 있습니다. 그들에게로 파송되는 선교사들을 지원한다든지, 방송 선교나 문서 선교를 지원함으로써 나도 그들에게 갈 수 있는 것입니다. 이러한 사역들을 위해 헌금할 때 그 사역에 함께 참여하는 동역자로서의 특권을 누리게 됩니다. 그리고 그 수고의 열매를 나누게 될 것을 기대합니다.

그러나 우리에게는 복음의 동역자로서의 특권뿐 아니라 책임도 있습니다. 복음 사역에서 동역자가 되는 것은 헌신된 그리스도인의 선택 사항이 아닙니다. 예수님께서는 마가복음 16:15에서 "너희는 온 천하에 다니며 만민에게 복음을 전파하라"라고 말씀하셨습니다. 이것은 제안이나 부탁이 아니라 명령입니다. 이는 사복음서와 사도행전에서 반복되고 있습니다. 이 명령을 수행할 때 우리의 개인적 책임은 하나님께서 우리에게 주시는 기회에 따라 다양하겠지만, 우리는 복음을 온 세계에 전파하는 일에 가능한 한 모든 기회를 이용하여 참여해야 합니다.

선교 사역을 위해 헌금하는 것이 그리스도인들에게 단지 선택 사항으로 보이는 경우가 많습니다. 선교사와 선교사 후보자가 여러 교회를 다니면서 자기 사역을 소개하고 후원을 요청합니다. 각 교회의 선교 위원회나 개개 교인들은 선교사를 후원하기 위해 헌금을 할 것인지 안 할 것인지를 생각합니다. 선택권은 순전히 헌금하는 사람에게 있습니다. 우리는 헌금을 하기로 결정하면 마음이 후한 것처럼 생각하는 경향이 있습니다. 그러나 사실은 우리 마음이 후하기보다는 주님의 명령에 순종하는 것입니다. 그리스도께서는 우리에게 온 세상으로 가라고 명령하십니다. 그리고 우리 대부분이 할 수 있는 방법은 직접 선교지로 나가는 사람들의 사역을 후원하는 일에 참여하는 것입니다.

'복음 안에서의 동역'이라는 의미에서의 교제는 즐겨야 할 활동이라기보다는 이행해야 할 책임입니다. 물론 우리는 그 동역의 열매를 나눔으로써 그것을 즐길 것입니다. 그러나 이러한 즐거움은 모든 족속에게 복음을 전하라는 그리스도의 명령에 대한 우리의 순종에 비하여 이차적인 것입니다. 헌금을 통한 복음 안에서의 동역은 특권이요 의무입니다.

기도로 참여함

복음 안에서 동역자가 될 수 있는 두 번째 중요한 방법은 복음 전하는 자들을 위한 정기적인 기도입니다. 빌립보 성도들은 이 면에서 아름다운 본보기가 됩니다. 그들은 바울을 위해 물질적 지원을 했을 뿐 아니라, 그를 위해 기도도 했습니다. 바울은 그들의 헌금으로부터 결과를 기대했듯이, 그들의 기도로부터도 결과를 기대했습니다. 빌립보서 1:19에서 이렇게 말합니다. "이것이 너희 간구와 예수 그리스도의 성령의 도우심으로 내 구원에 이르게 할 줄 아는 고로." 빌립보에 있는 동역자들의 기도의 지원이 자신의 사역에 큰 기여를 한다고 믿었습니다.

바울은 여러 교회에 보내는 편지에서 여러 차례나 자신의 사역을 위해 기도를 부탁했고, 또한 그 편지를 받는 사람들이 그를 위해 기도하고 있다는 사실을 인정했습니다. 바울에게 그들의 기도는 그들의 물질적 후원보다 더 중요했습니다. 그는 그들의 물질적 후원이 없이도 살아갈 수 있었습니다(빌립보서 4:11-13). 그러나 그들의 기도 없이는 살아갈 수가 없었습니다. 데살로니가전서 5:25에서 "형제들아, 우리를 위하여 기도하라"라는 간결한 요청은 신자들이 그를 위하여 기도함으로써 그의 사역에 함께 참여해야 한다는 바울의 긴박한 의식을 잘 보여 줍니다.

교회사를 통해 볼 때 선교사를 파송한 국가의 그리스도인들이 복음을 위한 동역에서 헌금 등 물질적 후원보다 기도의 후원을 소홀히 해 왔다고 해도 지나친 말이 아닐 것입니다. 너무도 자주 우리는 헤어지면 마음도 멀어진다는 말처럼 선교사들을 파송해 놓고는 관심을 잃어버립니다. 우리는 교회나 선교 기관 등을 통해 선교사들을 위해 헌금함으로써 정기적으로 그 선교 사업에 참여할 수 있습니다. 이것은 마땅히 적극적으로 해야 할 일입니다. 그러나 헌금하는 것 못지않게 기도하는 일에도 계획을 세워 힘써야 합니다. 진실로 복음 안에서 동역자가 되려면 선교사들을 위해 기도하는 일에 우리 자신을 헌신해야 합니다.

나는 우리 가정이 헌금하는 모든 선교사와 선교 기관을 나의 개인 기도 목록에 적어 두고 정기적으로 기도하고 있습니다. 이 기도의 책임을 무계획하게 수행할 수는 없습니다. 시간이 나면 하고 시간이 없으면 안 한다든지, 생각이 나면 하고 생각이 나지 않으면 안 한다든지 해서는 안 됩니다. 기도를 통해 참된 동역자가 되기 위해서는 자신의 시간 계획에 이 기도 시간을 넣어서 실천해야 합니다. 헌금을 통해 복음 사역에 참여하는 것처럼, 이 기도도 선택 사항이 아닙니다. 온 세상에 복음을 전하라는 주님의 명령에 순종하기를 원한다면, 기도할 것인가 안 할 것인가는 논할 주제가 아닙니다. 구체적으로 누구를 위해 무엇을 기도할 것인가가 중요한 것입니다. 당신이 기도해 주어야 할 사람은 누구입니까?

기도로 참여하는 이 동역은 지속적이어야 할 뿐 아니라 실제적이어야 합니다. 선교사들을 위한 일반적인 내용이 아니라, 그들의 구체적인 필요를 위해 기도해야 합니다. 바울은 로마의 성도들에게 기도의 도움을 요청할 때 구체적이었습니다. 이렇게 말했습니다. "형제들아, 내가 우리 주 예수 그리스도로 말미암고 성령의 사랑으로 말미암아 너희를 권하노니, 너희 기도에 나와 힘을 같이하여 나를 위하여 하나님께 빌어, 나로 유대에 순종치 아니하는 자들에게서 구원을 받게 하고, 또 예루살렘에 대한 나의 섬기는 일을 성도들이 받음직하게 하고, 나로 하나님의 뜻을 좇아 기쁨으로 너희에게 나아가 너희와 함께 편히 쉬게 하라"(로마서 15:30-32).

바울은 불신자들로부터의 보호를 위해 기도를 부탁했습니다.

그리고 그의 섬김이 성도들에게 받아들여질 수 있도록 기도 요청을 했습니다. 이처럼 바울의 기도 요청은 구체적이었습니다. 데살로니가의 그리스도인들에게도 비슷한 기도 요청을 했습니다. "종말로 형제들아, 너희는 우리를 위하여 기도하기를, 주의 말씀이 너희 가운데서와 같이 달음질하여 영광스럽게 되고, 또한 우리를 무리하고 악한 사람들에게서 건지옵소서 하라.…"(데살로니가후서 3:1-2).

바울의 기도 부탁을 간단히 살펴보면, 개인적인 필요에 대한 기도 요청과 사역에 대한 기도 요청이 대략 같은 분량입니다. 오늘날 선교사들을 위해 기도할 때도 일반적으로 이러한 균형을 유지하는 것이 바람직하다고 생각합니다. 선교사와 그 가족들은 여러 개인적인 필요가 있습니다. 고독, 문화적 적응, 위험으로부터의 보호, 건강 등. 그러나 또한 사역의 필요도 있습니다. 기도 모임에서 선교사들을 위해 기도할 때 그들의 개인적인 필요에 초점을 맞추는 경향이 있음을 보곤 합니다. 물론 그 이유는 그러한 구체적인 필요들에 더 쉽게 동일시할 수 있기 때문입니다. 그러나 그들의 사역에서 참으로 동역자가 되기를 원한다면, 사역의 필요를 위해서도 기도해야 합니다.

바울은 그리스도의 복음을 나눌 때에 담대함을 주시도록, 마땅히 할 말을 주시도록, 복음을 전파할 문을 열어 주시도록, 복음이 빨리 퍼지도록 기도 요청을 했습니다(에베소서 6:19, 골로새서 4:3-4, 데살로니가후서 3:1). 오늘날의 선교사들에게도 바울과 같은 사역상의 필요가 있습니다. 그리스도를 전하는 데 담대함과 복음을 가장 효과적으로 나누는 지혜가 필요하며, 또한 복음의 문이 열리는 것이 필요합니다.

가장 중요한 필요 중 하나는, 추수할 일꾼을 위해 기도하는 것입니다. 예수님께서는 마태복음 9:37-38에서 이렇게 말씀하셨습니다. "추수할 것은 많되 일꾼은 적으니, 그러므로 추수하는 주인에게 청하여 추수할 일꾼들을 보내어 주소서 하라." 아마도 선교지에서 가장 긴급한 필요는 하나님께서 각 나라의 각계각층의 사람들 가운데서 추수할 일꾼을 일으켜 주시는 것입니다. 결국 오늘날 선교사의 가장 시급한 과제는 선교 사역하고 있는 그 나라 출신의 일꾼들을 훈련하는 것이며, 우리는 바로 이 목표를 위해 기도해야 합니다. 하나님께서 선교지 사람들 가운데서 일꾼을 일으켜 주시는 것, 이 기도는 내 자신이 전 세계의 선교 기관과 선교사들을 위해 기도할 때 제일 으뜸가는 기도 제목입니다.

이 장을 쓰면서, 한 선교사 친구로부터 기도를 부탁하는 편지를 받았는데, 그는 선교를 위한 기도의 중요성에 관하여 새뮤얼 고든의 말을 인용했습니다. "우리 각 사람이 할 수 있는 가장 위대한 일은 기도하는 일입니다. 개인적으로 어떤 먼 나라에 간다 하더라도 한 군데밖에는 갈 수 없습니다. 그러나 기도는 우리가 세상 모든 곳과 직접 역동적으로 접촉할 수 있게 합니다. 오늘 골방에 들어가 문을 닫고 하루 생활 중 30분을 하나님을 위하여 인도에 직접 가 있는 것처럼 기도하는 사람은 실제로 그곳에 가서 그만큼 선교 사역을 한 셈이 됩니다."

그는 계속하여 편지에서, 중요한 것은 그 30분만이 아니라고 강조하였습니다. "당신이 해외에 있는 사람들의 필요를 위해 투자하는 몇 분간은 또한 큰 영향을 미칠 수 있습니다. 하루 동안에 여섯 번 이런 시간을 가진다면 세계의 다른 곳에서도 사람들의 마음을 복음에 열리게 하여 사탄의 공격을 무력화시키고도 남을 것입니다."

내 자신이 단기 선교사로서 사역을 한 적이 있기에 본국에 있는 기도 동역자들의 중요성에 대해 간증할 수 있습니다. 나는 아직도 어느 주말을 기억합니다. 그때 나는 아침부터 실망과 침체에 빠져 필사적으로 싸우고 있었습니다. 그런데 그날 저녁 그게 갑자기 사라져 버렸습니다. 몇 주 후 본국에 있는 친구들이 나를 위해 특별히 기도했다는 것과, 그 시간에 하나님께서 그들의 기도에 응답하셨다는 것을 알게 되었습니다.

근대 선교의 아버지로 불리는, 영국의 윌리엄 케리는 1793년에 인도에 갔습니다. 그때에는 체계화된 선교 단체가 하나도 없었습니다. 그러나 그가 복음이 들어가지 못한 세계의 필요에 대해 기도할 때 하나님께서는 그의 마음에 인도를 얹어 주셨습니다. 1793년 3월 케리와 그의 동료들을 파송하는 예배에서 한 친구가 이렇게 말했습니다. "인도에는 금광이 하나 있는데 아주 깊어서 땅 중심부쯤에 있다고 하네." 그러자 케리가 이렇게 대답했습니다. "내려가는 모험은 내가 할 테니, 자네가 로프를 붙잡아 주어야 하네."

케리는 친구들이 어떻게 '로프를 붙잡아' 주기를 기대했습니까? 그것은 기도와 헌금의 동역을 통해서였습니다. 로프를 붙잡는 사람들은 갱도로 내려가는 사람들만큼이나 동역 관계에서 중요합니다. 다른 사람들을 위하여 로프를 붙잡는 것은 성경적 교제의 중요한 부분입니다. 그것은 복음의 확장에 필수입니다.

7

영적 은사의 교제

각각 은사를 받은 대로 하나님의 각양 은혜를
맡은 선한 청지기같이 서로 봉사하라.
베드로전서 4:10

우리가 예수 그리스도를 믿을 때 하나님께서는 우리를 그리스도의 몸의 일부로 받아들이십니다. 하나님께서는 우리를 모든 신자와의 유기체적 공동체 관계 안에 두십니다. 거기에서 우리는 그리스도 안에 있는 공동의 생명을 함께 나눕니다. 이것은 객관적인 사실입니다. 우리는 모든 신자들과 교제 가운데 있습니다. 그러나 교제의 이 객관적인 측면은 경험적 측면의 기초를 놓기 위한 것입니다. 우리는 복음을 위한 동역에서 소극적 파트너나 수동적인 참여자가 되어서는 안 됩니다. 오히려 하나님께서는 모든 그리스도인이 그리스도의 몸 안에서 능동적인 참여자가 되어 복음을 위하여 함께 일하는 동역자가 되기를 원하십니다.

이 목표를 위해 하나님께서는 모든 그리스도인에게 각각 그리스도의 몸 안에서 기능을 부여하셨습니다. 여기에 예외는 없습니다. 모든 지체는 몸 안에서 하나님께서 부여하신 기능을 가지고 있으며, 그것을 수행해야 합니다. 워렌 마이어즈는 "효과적인 기도"라는 책에서 두 사람을 언급합니다. 인도에 선교사로 갔던 윌리엄 케리와 거의 전신 마비가 되어 침대에 누워 생활했던 그의 누이입니다. 케리는 선교 역사상 필적할 만한 사람이 없을 정도로 위대한 성경 번역 사업을 해냈으며, 앞 장에서 보았듯이 근대 선교의 아버지라 불리어 왔습니다. 우리는 그 누이에 대해서는 잘 모르지만, 언제나 하나님을 가까이하며 간절히 기도하는 사람이었습니다. 케리가 인도에서 성경을 수십 개의 언어로 번역하고 인쇄하며 수고하고 있을 동안, 런던에 있는 누이는 병상에 누워서 매시간, 매일, 매달, 매년 케리의 사역을 위해 자세히 구체적으로 기도했습니다. 사역의 세부 사항, 여러 문제와 싸움 등을 위해 기도했습니다. 케리와 그 누이의 이야기를 하면서 워렌 마이어즈는 이렇게 묻습니다. "하나님께서는 이 위대한 사람을 통하여 얻은 승리를 누구의 공로로 돌리실까요?" 우리는 모두 케리의 누이가 그 사역에 동참했다는 사실을 알고 있습니다. 실제로 누이는 그 사역에서 아주 중요한 역할을 하였습니다. 누이의 간절한 중보 기도가 없었다면 그 사역은 진행되지 못했을지도 모릅니다.

몸 안에서의 기능

위 이야기의 요지는, 하나님께서는 모든 신자에게 몸 안에서 각기 중요한 기능을 적어도 한 가지 주신다는 사실을 강조하기 위한 것입니다. 하나님께서는 케리에게 인도에서 성경 번역 사업을 하도록 기능을 부여하셨고, 누이에게는 런던의 자기 침대에 누워 그 사업을 위해 기도하는 기능을 부여하셨습니다. 케리의 기능은 사람들에게 아주 잘 보이는 것이지만, 누이의 기능은 아마도 몇 사람에게밖에는 알려지지 않았을 것입니다. 그러나 두 사람 다 인도에서의 선교 사역에 없어서는 안 될 중요한 역할을 했습니다. 하나님께서는 그들 각자에게 하나의 특수한 기능을 주시고 그들로 하여금 하나님의 은혜로 그 기능을 다할 수 있도록 해 주셨습니다.

하나님께서는 그리스도의 몸 안에서 우리 각 사람에게 각기 기능을 주시고, 우리 각자가 그 기능을 수행할 수 있도록 준비시켜 주십니다. 이른바 '은사'라고 하는 것을 주신 것입니다. 영적 은사란 하나님께서 그리스도의 몸 안에서 우리 각자에게 부여하신 특수한 기능을 온전히 수행하도록 하기 위해 주신 능력입니다. 영적 은사는 많은 경우 자연적 재능과 더불어 발휘되지만, 자연적 재능과는 구별됩니다. 은사와 재능은 모두 하나님으로부터 받은 것인데, 은사는 특히 하나님께서 그리스도의 몸 안에서 우리에게 부여하신 기능과 관계가 있습니다.

바울은 로마서 12:3-8에서 영적 은사에 대하여 이야기하는 가운데, 우리 몸을 비유로 하여 이렇게 말합니다. "우리가 한 몸에 많은 지체를 가졌으나 모든 지체가 같은 직분을 가진 것이 아니니, 이와 같이 우리 많은 사람이 그리스도 안에서 한 몸이 되어 서로 지체가 되었느니라. 우리에게 주신 은혜대로 받은 은사가 각각 다르니…"(4-6절). 기능(직분)과 은사 사이의 관계를 주목하십시오. 우리는 모두 다른 기능을 가지고 있으며, 그 기능을 수행할 수 있도록 다른 은사를 가지고 있습니다.

지난 수십 년 동안, 영적 은사에 대하여 아주 많은 강조를 해왔고, 특히 어떤 사람의 은사가 무엇인가를 발견하는 측면을 많이 강조해 왔습니다. 그러나 불행하게도 몸 안에서 그 사람의 기능이 무엇인가를 발견하는 것은 상대적으로 그리 강조하지 않았습니다. 은사는 우리가 몸 안에서 그 기능을 수행할 수 있도록 하나님께서 주시는 것입니다. 베드로전서 4:10에서 이렇게 말씀하고 있습니다. "각각 은사를 받은 대로 하나님의 각양 은혜를 맡은 선한 청지기같이 서로 봉사하라." 고린도전서 12:7에서는 은사의 공공적 성격에 대해 말합니다. "각 사람에게 성령의 나타남을 주심은 유익하게 하려 하심이라." 은사는 다른 사람들을 섬기기 위하여 사용되어야 합니다. 은사는 그리스도의 몸 전체의 공동 유익을 위해 주어집니다. 은사의 목적은 우리로 하여금 우리의 기능을 수행할 수 있는 능력을 주는 것입니다.

오늘날 많은 사람들이 자신의 은사가 무엇인지 궁금해하고 있지만, 잘못된 질문을 하고 있기 때문에 그 답을 찾지 못하고 있습니다. 우리는 가장 먼저 몸 안에서의 우리의 기능 즉 하나님께서 맡기신 특별한 임무가 무엇인지를 발견하려고 힘써야 합니다. 우리가 확신해도 좋은 것은, 하나님께서는 어떤 기능을 수행하도록 우리를 부르셨으며, 우리가 그 기능을 수행할 수 있도록 자연적인 능력과 영적인 은사를 주셔서 우리를 준비시킨다는 사실입니다.

예수님을 믿은 지 여러 해가 지나서야 내 자신이 행정과 가르치는 일에 은사가 있다는 결론에 다다르게 되었습니다. 사실 신앙생활 초기에는 이 사실을 깨닫지 못했습니다. 25세 때 전임 사역자가 되어 오랜 세월 동안 네비게이토 선교회에서 하나님께서 내게 맡기신 여러 임무를 수행했습니다. 나중에 가서야 하나님께서 나에게 행정의 은사를 주셨다고 결론짓게 되었습니다. 왜냐하면 하나님께서는 네비게이토 안에서 항상 나에게 그러한 유형의 사역을 맡기셨으며, 또한 항상 나에게 그 일을 수행할 능력을 주셨기 때문입니다. 동일하게 하나님께서는 내게 가르치는 은사도 주셨다고 판단을 내렸습니다. 왜냐하면 지금까지 꾸준히 말씀을 가르치는 일을 하고 있으며, 내가 하는 수고에 하나님께서 축복하고 계심을 경험하고 있기 때문입니다.

그러나 여기서 주목해야 할 중요한 사실은, 내가 행정과 가르치는 일을 하나님께서 내게 주신 은사로 깨닫기 이전부터 오랫동안 행정과 가르침의 기능을 수행해 왔다는 것입니다. 하나님께서는 내게 행정과 가르침의 기능을 부여하셨고, 내가 그 일을 할 수 있도록 영적 은사를 주심으로써 나를 준비시키셨으며, 내가 실제로 그 기능을 수행하도록 나의 삶의 환경을 섭리 가운데 인도하셨습니다. 은사는 항상 우리의 기능과 조화되어야 합니다.

신약성경에 나타나 있듯이 교제를 정의하면서 '참여'와 '동역'이라는 용어를 사용했는데, 둘 다 '코이노니아'를 옮긴 것입니다. 교회를 그리스도의 몸으로 생각한다면, 우리는 참여자로서 그리스도 안에 있는 공동의 생명을 함께 나누며, 서로를 섬기기 위하여 자신의 영적 은사를 사용하며, 믿음 안에서 함께 서로를 세워 나간다는 사실을 인식하게 됩니다. 교회는 유기체적 영적 공동체로서 '가서 모든 족속으로 제자를 삼으라'는 그리스도의 지상사명을 수행하는 일을 하고 있습니다. 우리는 그 일에 능동적으로 참여하는 헌신된 동역자로서 한 팀이 되도록 하나님의 부르심을 받았습니다.

교제를 참여로 인식하건 동역으로 인식하건 간에, 각각의 경우는 몸 안에서의 우리의 기능을 수행할 책임이 우리에게 있음을 함축하고 있습니다. 흔히들 책임을 수행하는 것과 연관하여 교제를 생각하지는 않습니다. 그러나 그것은 교제의 성경적 의미를 온전히 알지 못하기 때문입니다. 교제는 즐겨야 할 특권일 뿐만 아니라, 더 기본적으로는 수행해야 할 책임인 것입니다.

자신의 영적 은사를 나눔

교제는 또한 우리 자신이 가진 것을 다른 그리스도인들과 나누는 것을 의미하기도 합니다. 성경에 구체적으로 언급된 두 가지 나눔의 영역은 영적 진리와 물질적 소유입니다. 그러나 우리는 자신의 영적 은사의 유익도 다른 사람과 함께 나누도록 부름을 받았습니다. 베드로전서 4:10에서 말씀하고 있듯이, 우리는 다른 사람을 섬기기 위하여 은사를 사용해야 합니다. 따라서 1장에서 언급한 바 있듯이, 교제를 공동의 참여라는 의미에서 함께 나누는 것[공유]으로 생각하든, 각자가 가진 것을 다른 사람들과 나누어 가지는 것[분유]으로 생각하든, 교제는 하나님께서 우리에게 주신 은사들을 사용하는 것도 포함하고 있다는 사실을 알게 됩니다.

이 장의 제목을 '영적 은사의 교제'라고 붙였는데, 교제를 그리스도인의 사교적 활동이나 영적 진리를 나누는 것이라고 생각하는 데 익숙한 사람들에게는 낯설게 들릴 수도 있습니다. 그러나 교제란 함께 나누며 나누어 가지는 것임을 알 때 하둥 이상하지 않습니다. 영적 은사의 교제란 몸 안의 다른 지체들의 유익을 위하여, 그리고 하나님의 나라를 위하여 그 은사들을 사용하는 것을 말합니다.

영적 은사의 원리

성경적 교제는 몸 안에서의 기능을 수행하기 위하여 영적 은사를 사용하는 것을 포함하고 있으므로, 영적 은사에 관한 기본적인 진리 또는 원리를 살펴볼 필요가 있습니다.

(1) 모든 영적 은사는 다른 사람들을 섬기고 하나님을 영화롭게 하는 데 그 목적이 있습니다. 베드로전서 4:10-11을 살펴보십시오, "각각 은사를 받은 대로 하나님의 각양 은혜를 맡은 선한 청지기같이 서로 봉사하라.… 이는 범사에 예수 그리스도로 말미암아 하나님이 영광을 받으시게 하려 함이니…." 이 말씀을 보면 은사를 사용하는 데에는 두 가지 목표가 있습니다. 즉 다른 사람들을 섬기는 것과 하나님께서 영광을 받으시도록 하는 것입니다. 또한 우리 자신의 은사를 사용할 때 청지기와 같은 태도로 임해야 한다고 말합니다. '청지기'란 타인의 재산을 관리한다든지 기타 사무를 대신 맡아 보는 사람입니다. 은사는 우리 마음대로 사용할 수 있는 우리의 재산이 아닙니다. 은사는 다른 사람들을 섬기도록, 그리고 하나님의 영광을 위하여 하나님께서 지시하시는 대로 사용하도록 하나님께서 우리에게 맡기신 것입니다.

다른 사람들의 인정을 받거나 명성을 얻거나 자기 성취를 위하여 영적 은사를 사용해서는 안 됩니다. 은사 중에 어떤 은사는 그 성격상 다른 은사보다 인정이나 명성을 가져다주는 것이 사실입니다. 영적 은사에 대하여 기록하고 있는 고린도전서 12장을 보면 바울도 이 사실을 알고 있었습니다. 한 몸 안에서도 지체들 간에 그 영향력이나 중요성에 차이가 있듯이, 그리스도의 몸 안에서도 이것은 사실입니다. 그러나 이러한 사실이 사람들의 인정을 받거나 명성을 얻기 위하여 자신의 은사를 사용하는 핑곗거리가 될 수는 없습니다. 우리는 사람의 인정이 아니라 하나님의 인정을 바라야 합니다. 하나님께서는 이처럼 다른 사람을 섬기며 하나님을 영화롭게 하는 일에 자신의 은사를 선한 청지기같이 사용하는 사람을 기뻐하시고 반드시 인정하여 주실 것입니다.

두 사람이 똑같이 하나님의 말씀을 가르치는 은사를 받을 수도 있습니다. 그러나 하나님께서는 한 사람에게는 큰 강단이나 방송을 통해 말씀을 가르치는 사역을 맡기실 수도 있고, 한 사람에게는 일대일 제자삼는 사역이나 교회학교의 소규모 학급을 지도하는 일을 맡기실 수도 있습니다. 전자는 많은 사람에게 인정을 받고 명성을 얻게 되지만, 후자는 소수의 몇 명에게밖에는 알려지지 않을 것입니다.

어떤 은사는 그 성격상 다른 은사보다 잘 드러나기 때문에 사람들의 인정을 받기가 더 쉽습니다. 예를 들면, 가르치는 은사와 섬기는 은사가 좋은 대조가 될 것입니다. 교회에는 가르치는 은사를 받은 사람들이 있어, 자주 많은 사람 앞에 서서 말씀을 가르칩니다. 모든 교인이 그들을 잘 알고 있습니다. 그러나 교회의 여러 부서에서 드러나지 않게 섬기는 사람들이 있습니다. 그들이 무엇을 하는지 아는 사람은 주위의 몇 명 외에는 거의 없습니다. 사실 자신들이 맡은 일을 잘 수행하고 있는 한 그들은 사람들의 주목을 받지 못합니다. 대부분의 교인들은 그들이 하는 일을 당연하게 여깁니다.

그러나 은사의 목적을 기억하는 한 우리는 사람의 인정이나 명성에 관심 갖지 않아야 합니다. 우리는 하나님을 영화롭게 하고 다른 사람들을 섬기기 위하여 하나님께서 은혜로 맡겨 주신 은사들을 선한 청지기로서 사용하기를 힘써야 합니다. 우리의 은사가 가르치는 은사처럼 공적으로 드러나는 것이든, 섬기는 은사처럼 사람들의 눈에 잘 안 띄는 것이든, 그 궁극적인 목적은 범사에 예수 그리스도로 말미암아 하나님께서 영광을 받으시게 하는 것입니다.

(2) 모든 그리스도인은 누구나 적어도 한 가지 은사를 가지고 있으며, 모든 은사는 중요합니다. 앞에서 우리는 하나님께서는 모든 신자에게 그리스도의 몸 안에서 각기 기능을 부여하셨으며, 또한 모든 지체에게 그 기능을 수행할 수 있도록 은사를 주셨다는 사실을 다루었습니다. 이 점을 강조할 필요가 있습니다. 하나님께서는 그리스도의 몸 안에 있는 모든 신자에게 각각 적어도 한 가지의 은사를 주셨다는 사실입니다. "각 사람에게 성령의 나타남을 주심은 유익하게 하려 하심이라"(고린도전서 12:7). 너무도 많은 그리스도인들이 자기는 은사가 하나도 없다는 생각을 하고 있기 때문에 이 사실을 아는 것이 대단히 중요합니다. 이러한 생각을 가지게 된 데는, 다른 사람들의 주목을 받을 만한 '공적으로 드러나는' 은사를 내심 바라기 때문일 수도 있고, 또는 가난한 사람들이나 어려움 가운데 있는 사람들이나 사랑을 받지 못하고 있는 사람들에게 긍휼을 베풀 수 있는 능력을 가지고 있으면서도, 영적 은사에 대한 잘못된 이해로 인하여 자신들이 자비와 긍휼을 베푸는 중요한 은사를 가지고 있다는 사실을 깨닫지 못하기 때문일 수도 있습니다.

"저는 은사가 하나도 없는 것 같습니다"라고 말하는 것은 "저는 그리스도의 몸 안에서 맡은 기능이 하나도 없는 것 같습니다"라고 말하는 것과 같습니다. 이러한 생각은 신약성경의 가르침을 정면으로 거스르는 것입니다. 하나님께서는 모든 신자에게 한 가지 일을 맡기십니다. 그것은 보일 수도 있고 보이지 않을 수도 있으며, 큰 것일 수도 있고 작은 것일 수도 있습니다. 그러나 우리 각자에게는 해야 할 일이 한 가지씩 있습니다.

우리는 각기 은사를 가지고 있을 뿐 아니라, 각각의 은사는 모두 중요합니다. 흔히 상대적으로 공적이고 눈에 띄는 은사들은 중요하게 여기고, 이에 비해 잘 드러나지 않는 은사들은 그리 중요하지 않게 여기는 경향이 있습니다. 사도 바울도 이러한 경향을 이미 예견하고 있었습니다. "만일 발이 이르되 '나는 손이 아니니 몸에 붙지 아니하였다' 할지라도 이로 인하여 몸에 붙지 아니한 것이 아니요, 또 귀가 이르되 '나는 눈이 아니니 몸에 붙지 아니하였다' 할지라도 이로 인하여 몸에 붙지 아니한 것이 아니니"(고린도전서 12:15-16). 이 말씀은, 다른 사람들 눈에 잘 안 띄는 은사를 가진 사람이 더 잘 띄는 은사를 가진 사람과 비교하면서 자기는 아무 은사도 가지고 있지 않다고 생각하는 것을 염두에 두고 한 것입니다. 이러한 생각은 오늘날 그리스도인 사이에서 아주 흔한 경향이라고 할 수 있습니다. 특히 몸 안에서 손 대접이나 다른 사람들의 일시적인 필요를 채우는 것과 같은 일을 통해 다른 사람들을 섬기는 사람들이 이런 생각을 품는 경우가 많습니다.

물론 보다 공적인 은사를 가진 사람들은, 눈에 덜 띄는 은사를 가진 사람들이 하는 기여를 무시하거나 작게 여길 위험도 있습니다. 고린도전서 12:21에서는 이러한 경향을 경계하고 있습니다. "눈이 손더러 '내가 너를 쓸데없다' 하거나, 또한 머리가 발더러 '내가 너를 쓸데없다' 하거나 하지 못하리라." 우리는 몸 안에서 각기 서로의 기여가 필요합니다. 인간의 몸 안에서 어떤 기능들이 다른 기능들보다 더 중요하듯이, 어떤 의미에서 그리스도의 몸 안에서도 이것이 사실이라 할 수 있습니다. 고린도전서 12:28-31을 보면 바울도 이 사실을 알고 있었던 것 같습니다. 그러나 이것이 모든 은사는 중요하다는 사실을 바꿀 수는 없습니다. 어떤 은사가 다른 은사보다 더 중요할지는 몰라도, 중요하지 않은 은사는 하나도 없습니다. 그래서 우리는 자신이 덜 중요한 은사를 가지고 있든 더 중요한 은사를 가지고 있든, 서로를 부러워하며 시기하거나 무시해서는 안 됩니다. 각각의 은사는 몸 안에서 꼭 필요한 것이며, 하나님께 중요하다는 사실을 깨달아야 합니다.

(3) 은사는 하나님께서 그 뜻대로 각 사람에게 주십니다. 은사는 하나님의 절대주권적 권한에 속해 있습니다. 하나님께서 그리스도의 몸 안에서 우리에게 어떤 기능을 주신 것처럼, 각 사람에게 거기에 맞는 은사를 주십니다. 고린도전서 12:11에서는 은사에 대해 이렇게 말하고 있습니다. "이 모든 일은 같은 한 성령이 행하사 그 뜻대로 각 사람에게 나눠 주시느니라." 18절에서는 신체적인 몸을 비유로 사용하여 이렇게 말합니다. "그러나 이제

하나님이 그 원하시는 대로 지체를 각각 몸에 두셨으니." 여기서 분명한 것은, 하나님께서 절대주권적인 뜻 가운데서 신체적인 몸의 각 부분을 정하셨듯이, 그리스도의 몸 안에서도 우리를 각각 지체로 정하셨다는 것입니다.

이러한 원리는 너무도 분명하여 말할 필요도 없지만, 이 원리가 가진 의미가 무엇이며 그것이 어떻게 적용되는지를 살펴보기로 하겠습니다. 당신이 현재 가지고 있는 은사는 온 우주의 주권자이신 하나님께서 그 뜻대로 주신 것입니다. 하나님께서는 당신이 태어나기 전에 이미 당신의 삶을 위한 계획을 하셨고, 당신이 그 계획을 수행할 수 있도록 당신에게 은사를 주셨습니다.

그러므로 자신의 은사를 무시하거나 불평하지 마십시오. 그렇게 한다면 그것은 곧 하나님의 계획을 무시하는 것이요, 하나님을 거슬러 불평하는 일이 됩니다. 동일하게, 다른 사람의 은사를 무시하지도 마십시오. 그것은 곧 그 사람을 위한 하나님의 계획을 무시하는 격이 되기 때문입니다.

하나님께서는 우리 각자에게 어떤 은사(또는 은사들)를 주실지를 결정하실 뿐만 아니라, 그 은사의 양 또는 범위도 결정하십니다. 두 사람이 동일한 은사를 가질 수 있으나, 그 양은 다를 수 있습니다. 앞에서 말씀을 가르치는 은사를 가진 두 사람에 대해 얘기했듯이, 한 사람은 널리 이름이 알려지고 인정을 받으며 일할 수 있고, 한 사람은 남들에게 알려지지 않는 곳에서 수고할 수도 있습니다. 이와 같이 두 사람이 같은 종류의 은사를 받았으나, 한 사람은 다른 사람보다 더 많은 양의 은사를 받았다고 할 수 있습니다. 그러나 두 사람의 은사는 모두 하나님의 절대주권적인 섭리 아래에서 발휘되고 있습니다.

예수님께서는 각 사람의 능력에 따라 서로 다른 양의 '달란트'를 받은 세 명의 종에 대해 말씀하신 적이 있습니다(마태복음 25:14-30). 각 종들은 각자 받은 액수의 돈을 투자해서 이윤을 남겨야 했습니다. 외적으로 각각의 종은 돈을 투자하여 이윤을 남기라는 동일한 부르심을 받았습니다. 그러나 그들은 그 부르심 내에서 각기 다른 양의 능력을 가지고 있었습니다. 따라서 그들의 능력에 따라서 서로 다른 양의 책임을 부여받았습니다.

영적 은사에 대해서도 마찬가지입니다. 하나님께서는 우리에게 현재 우리가 가지고 있는 은사를 주셨을 뿐만 아니라, 그 은사의 양도 정하셨습니다. 그다음 하나님께서는 우리에게 그 은사를 최대한 사용할 책임을 부여하셨습니다. 어떤 은사에 대하여 더 많은 양을 받은 사람은 더 큰 책임을 가지게 됩니다. "…무릇 많이 받은 자에게는 많이 찾을 것이요 많이 맡은 자에게는 많이 달라 할 것이니라"(누가복음 12:48). 달란트 비유에서 세 종은 주인 앞에서 서로 비교하며 회계를 한 것이 아니라, 각자에게 맡겨진 것을 어떻게 사용하였는가에 따라 회계를 하였습니다.

(4) 모든 은사는 하나님의 은혜로 주어집니다. 영적 은사를 헬라어로는 '카리스마'라고 하는데, 그 뜻은 '하나님의 은혜의 선물'이라는 의미입니다. 그 선물이 로마서 6:23에서와 같이 영생이든, 그리스도의 몸 안에서 사용하도록 주어진 영적 능력이든 모두 하나님의 은혜의 선물입니다.

로마서 12:6에서는 "우리에게 주신 은혜대로 받은 은사가 각각 다르니"라고 했고, 베드로전서 4:10에서는 "각각 은사를 받은 대로 하나님의 각양 은혜를 맡은 선한 청지기같이 서로 봉사하라"라고 했습니다. 우리 중 아무도 자신이 현재 가지고 있는 그 은사를 받을 자격이 없습니다. 모든 은사는 하나님께서 무조건적인 은혜를 인하여 그리스도로 말미암아 우리에게 주신 것입니다.

  에베소서 3:7-8에서 바울은 자신은 예수 그리스도의 사도가 될 자격이 없다고 말합니다. "이 복음을 위하여 그의 능력이 역사하시는 대로 내게 주신 하나님의 은혜의 선물을 따라 내가 일꾼이 되었노라. 모든 성도 중에 지극히 작은 자보다 더 작은 나에게 이 은혜를 주신 것은 측량할 수 없는 그리스도의 풍성을 이방인에게 전하게 하시고."

  이 원리에 따르면, 모든 그리스도인 중에서 가장 귀한 사람이든 가장 무가치한 사람이든 모두 동일한 기초 위에서 각자의 은사를 받는 것입니다. 가장 무가치한 사람이 하나님의 은사를 받을 자격이 없는 것과 똑같이, 가장 귀한 사람도 그럴 자격이 없습니다. 그들은 모두 무조건적으로 거저 주시는 하나님의 은혜로 말미암아 그 은사를 받았습니다. 은사를 많이 받은 사람은 자기가 남들보다 수고하기 때문에, 또는 자기가 지금까지 하나님을 충성스럽게 섬겨 왔기 때문에 하나님께서 자기에게 은사를 많이 주셨다고 생각해서는 안 됩니다. 마찬가지로 자신은 지금까지 인생을 허비했고 따라서 하나님으로부터 어떤 영적 은사를 받을 자격이 없다고 생각하는 사람이 있다면 이 또한 잘못된 생각이므로 절망해서는 안 됩니다. 바울은 자신은 모든 성도 중에서 지극히 작은 자보다 더 작은 자였지만 하나님의 은혜로 은사를 받았다고 말합니다. 은사는 자신이 가치가 있느냐 없느냐와는 무관합니다. 모든 은사는 하나님의 은혜로 말미암아 주어집니다.

(5) 모든 은사는 계발과 연습을 통해 발전되어야 합니다. 비록 은사가 하나님의 은혜로 주어지지만, 계발과 연습을 통해 그것을 발전시키는 것은 우리의 책임입니다. 디모데후서 1:6에서 바울은 디모데에게 "…네 속에 있는 하나님의 은사를 다시 불 일 듯하게" 하라고 권면합니다. 또 디모데전서 4:14에서는 이렇게 말합니다. "네 속에 있는 은사 곧 장로의 회에서 안수 받을 때에 예언으로 말미암아 받은 것을 조심 없이 말며."

우리의 영적 은사들이 비록 하나님의 절대주권적인 은혜로 주어졌다 해도, 그것을 효과적으로 발휘하기 위해서는 그것을 계발하고 훈련해야만 합니다. 우리의 은사를 효과적으로 사용하기 위해서는 우리 편에서의 부지런한 수고가 필요합니다. 디모데는 이미 가르치는 은사를 받았지만, 바울은 디모데에게 진리의 말씀을 옳게 분변하는 일꾼으로서 자신을 하나님께 드리기를 힘쓰라고 권면하였습니다(디모데후서 2:15). 그리고 디모데에게 그의 은사를 소홀히 하지 말라고 권면한 후 이렇게 말했습니다. "이 모든 일에 전심전력하여 너의 진보를 모든 사람에게 나타나게 하라"(디모데전서 4:15). 디모데는 자신의 은사를 사용하는 일에 무관심해서는 안 되었습니다. 그는 자신의 은사를 계발하고 사용하는 일에 절대주권을 가지신 하나님 앞에 책임이 있습니다.

이 일에는 수고가 따릅니다. 가르침의 은사를 가진 사람은 하나님의 진리를 배우기 위하여 열심히 말씀을 공부해야 하며, 다른 사람들이 쉽고 분명하게 이해할 수 있는 방법으로 말씀을 가르치기 위하여 부단히 노력해야 합니다. 섬김의 은사를 가진 사람은 탁월한 수준으로 섬김으로써 자기의 수고의 결과로 하나님께서 영광을 받으시게 해야 합니다. 이를 위해 그는 섬길 때마다 가장 효과적인 섬김이 되도록 부지런히 힘써야 합니다. 하나님의 나라 안에서 겉만 그럴 듯한 가르침이나 섬김은 있을 수 없습니다.

긍휼을 베푸는 은사를 가진 사람은 다른 사람들의 어려움을 가장 잘 도와줄 수 있는 방법으로 그 은사를 사용하는 법을 연구해야 합니다. 리더십의 은사를 가진 사람은 그 은사를 가장 효과적으로 사용하기 위하여 리더십의 원리를 연구해야 하며, 그리고 바울이 말했듯이 부지런함으로 리더십을 행사해야 합니다. 단지 영적 은사를 가졌다고 해서 부지런한 노력이 없이도 몸 안에서 우리의 기능을 자동적으로 잘 수행할 수 있는 것은 아닙니다. 오히려 우리는 하나님께서 주신 은사들을 발전시키고 사용할 책임이 있습니다.

(6) 모든 은사의 효과적인 사용은 그리스도께 대한 믿음에 달려 있습니다. 은사가 하나님에 의해 절대주권적으로 주어지고,

또한 그 은사를 효과적으로 사용하기 위해서 우리의 부지런한 수고와 노력이 필요하다 할지라도, 그리스도께 대한 믿음이 없이는 어느 은사도 올바로 발휘될 수 없습니다. 하나님께서 우리에게 주신 은사의 범위 내에서 우리가 비록 수고할지라도 우리의 수고에 대하여 하나님께서 당연히 축복하실 것이라고 여길 수는 없습니다. 그리스도의 능력을 힘입기 위하여 그리스도를 의식적으로 의지해야 한다는 것은, 영적 성장에 있어서든, 그리스도의 몸 안에서의 섬김에 있어서든, 그리스도인의 삶의 모든 면에서 기본이 되는 사실입니다. 예수님께서는 요한복음 15:5에서 "…나를 떠나서는 너희가 아무것도 할 수 없음이라"라고 말씀하셨습니다. 자신의 부지런한 수고에 대하여 이야기하면서 바울은 골로새의 신자들에게 이렇게 썼습니다. "이를 위하여 나도 내 속에서 능력으로 역사하시는 이의 역사를 따라 힘을 다하여 수고하노라"(골로새서 1:29). 바울은 자신의 은사들을 사용함에 있어서 부지런히 수고하였습니다. 그러나 그는 또한 그리스도를 의지하였습니다. 바울은 그리스도를 의지하면서 인내로 수고하되, 그리스도께서 그에게 주신 힘으로 수고하였습니다.

이와 같이 우리는 자신의 은사를 발전시키고 사용하기 위해 부지런히 수고해야 할 책임이 있는 동시에 그리스도의 능력을 힘입기 위해 그리스도를 전적으로 의지하는 태도를 유지해야 하는데, 이 두 가지 태도를 균형 있게 유지하기 위해서는 이 두 가지에서 계속 깨어 있는 것이 필요합니다. 한편으로는 "주님을 의지한다"는 핑계로 자신의 은사를 발전시키고 사용하는 일에 게으를 수가 있으며, 나아가 이 게으름으로 인하여 죄책감을 가질 수도 있습니다. 다른 한편으로는 자신의 능력을 힘입어 자신의 은사를 사용하려고 힘쓰면서 하나님의 축복을 당연한 것으로 기대할 수가 있으며, 나아가 자신이 기대한 만큼 하나님의 축복이 없을 때 "내가 이렇게 열심히 수고했는데 하나님께서 왜 축복하시지 않습니까?" 하고 하나님께 대들 수도 있습니다.

내 개인의 경우를 예로 들자면, 가르침의 은사를 사용하는 일에는 그리스도를 의식적으로 의지하면서도, 행정의 은사를 사용할 때는 그리스도를 의지하는 일이 쉽지 않은 것을 경험합니다. 성경의 영적 진리를 가르치는 일은 분명히 주님께서 능력을 주셔야만 하는 영적인 일이기 때문에 의식적으로 주님을 의지하게 된다고 생각합니다. 그러나 사무 행정의 일은 외견상 영적인 일이 아닌 것처럼 보입니다. 따라서 나는 행정 일을 하면서 하나님을 의뢰하기보다는 나의 실무 경험, 지식, 지혜, 능력 등을 의뢰하려는 유혹을 받기가 쉽습니다. 그러나 우리는 자신의 은사를 사용할 때 베드로전서 4:11의 권면을 주목해야 합니다. "누가 봉사하려면 하나님의 공급하시는 힘으로 하는 것같이 하라." 섬김의 은사는 보통 신체적, 물질적 필요와 연관되어 있는데, 이러한 필요를 채우는 것 역시 영적 필요를 채우는 것 못지않게 하나님께서 주시는 능력이 필요합니다. 진실로 우리는 그리스도가 없이는 아무것도 할 수 없습니다.

(7) 오직 사랑이 있을 때에야 우리의 은사는 참된 가치를 지니

게 됩니다. 그리스도인의 사랑에 대하여 다루고 있는 고린도전서 13장 말씀이 영적 은사를 다루고 있는 문맥 가운데 자리 잡고 있다는 사실에 주의를 기울여야 합니다. 사람이 아무리 위대한 은사를 소유하고 있거나 아무리 뛰어난 믿음을 소유하고 있거나 아무리 놀라운 열심과 용기를 나타내 보일지라도, 사랑이 없으면 아무것도 아니요, 아무것도 성취하지 못한다고 고린도전서 13장 앞부분에서 말씀하고 있습니다.

사랑이 은사나 믿음, 또는 열심보다 더 중요하다 할지라도 영적 은사나 열심과 비교하여 사랑이 우위에 있다는 말은 아닙니다. 오히려 이 모든 것을 가치 있고 귀하게 여기는 것이 바로 사랑이라고 말하고 있습니다. 고린도전서 13:1-3에서 언급한 은사와 성품들은 결코 하찮은 것이 아닙니다. 오늘날 이 은사 중 일부에 대하여 의견 차이가 있기는 하지만, 당시에 방언과 예언의 은사는 신자들이 가장 바라는 은사였던 것 같습니다. 그리고 우리 중 누가 산을 움직일 수 있는 믿음을 갖기를 원하지 않겠으며, 다른 사람들을 위해 자신을 내어 주는 희생정신을 원하지 않겠으며, 고난의 불꽃을 견딜 수 있는 영적 용기를 원하지 않겠습니까?

그러나 이 말씀은 한 번이 아니라 세 번이나 아주 분명하게 말합니다. 오직 사랑만이 우리의 은사에, 우리의 믿음에, 우리의 열심에 가치를 부여한다는 사실입니다. 우리는 많은 기독교적 활동을 벌일 수도 있고, 얼마간의 명성을 얻을 수도 있고, 심지어 하나님을 위하여 뭔가를 성취한 것처럼 나타날 수도 있습니다. 그러나 사랑이 없다면 결국 그 모든 것은 아무것도 아닙니다.

머릿속으로 또는 종이 위에 0이라는 숫자를 죽 써 보십시오. 그것을 다 더하면 얼마일까요? 0입니다. 수천수만 개의 0을 더해도 여전히 0입니다. 그러나 맨 앞에 1이든지 2든지 하나만 적으면 금방 값을 가지게 됩니다. 우리의 은사와 믿음과 열심에 대해서도 마찬가지입니다. 그것들은 종이 위에 써 놓은 0과 같습니다. 사랑이 없으면 그것들은 아무것도 아닙니다. 그러나 그 앞에 사랑을 넣으면 즉시 가치를 지니게 됩니다. 2가 1보다 더 큰 값을 갖게 하듯이, 사랑이 많을수록 우리의 은사는 더 큰 가치를 갖게 됩니다.

고린도전서 13:4-7에서 사랑을 어떻게 묘사하고 있는가를 주목하십시오. 사랑은 다른 사람과의 관계의 측면에서 묘사되고 있습니다. 대체로 우리는 사랑 안에서 예언하는 법, 사랑 안에서 믿음을 발휘하는 법, 사랑 안에서 희생적으로 자신을 내어 주는 법에 관해 우리에게 교훈할 것이라고 예상할 수 있으나, 그렇게 하지 않습니다. 그 대신 사랑은 오래 참고 사랑은 온유하다고 말합니다. 또한 사랑은 투기하지 아니하며 자랑하지 아니하며 교만하지 아니하며 무례히 행치 아니하며 자기 유익을 구하지 아니한다고 말합니다. 사랑은 성내지 아니하며 악한 것을 생각지 아니한다고 말합니다. 그리하여 은사라는 주제로부터 관계라는 주제로 이야기의 초점을 옮기고 있습니다.

이러한 대화 주제의 변화를 통해 우리에게 무엇을 말씀하고 있습니까? 곧 사랑은 우리 삶의 모든 면에 침투해 들어가 삶 전체를 지배해야 한다는 것입니다. 사랑은 우리가 은사를 사용할 때와 그리스도인으로서의 여러 가지 의무를 수행할 때에만 실천되어서는 안 됩니다. 사랑은 가정에서도, 일터에서도, 교실에서도 실천되어야 합니다. 거기에서 우리의 은사는 특별히 고려 사항이 되지 않습니다. 사랑은 이른바 기독교적인 일이나 활동에 참여하고 있을 때만이 아니라, 삶의 가장 일상적인 의무 가운데서도 실천되어야 합니다. 한편 삶의 일상적인 의무와 관계에서 사랑이 없을 때 은사도 효과적으로 사용될 수 없게 됩니다.

이 책은 사랑에 관한 책도, 은사에 관한 책도 아니고, 교제에 관한 책입니다. 교제란 우리가 예수 그리스도 안에서 공동으로 가지고 있는 생명을 함께 나누는 것입니다. 실제적으로 말하자면, 우리로 하여금 그 생명을 함께 나눌 수 있게 하는 것이 바로 사랑입니다. 신령한 집으로 지어져 가는 이 살아 있는 돌들을 함께 결속시켜 주는 것이 바로 사랑이라는 시멘트입니다. 사랑은 또한 지체들을 한 몸으로 묶어 주는 끈입니다. 은사들이 몸의 기능에 중요하다 할지라도 몸을 하나로 연합시켜 주고 효과적으로 그 기능을 하도록 만들어 주는 것이 바로 사랑입니다.

그러므로 은사에 대하여 논의할 때 사랑의 중요성을 말하지 않을 수 없습니다. 우리는 모두 이 사실을 믿고는 있지만, 실천하는 데 자주 실패합니다. 교회나 기독교 기관에서 사람들을 쓸 때 그 사람의 사랑하는 능력은 거의 무시하고 은사나 기타 능력을 기초로 하는 것을 자주 목격합니다. 목사 후보생을 심사하는 위원회에서는 그 사람의 설교 능력이나 상담 기술에는 큰 관심을 기울이나, 그가 가정에서, 또는 교회에서, 이웃이나 교회 관리인에게 얼마나 사랑을 나타내 보이고 있는가를 묻는 일이 거의 없습니다. 대학 캠퍼스에서건, 직장에서건, 군대 내에서건, 지역 교회에서건, 제자 훈련의 대부분이 사역의 기술을 훈련하는 데 강조점을 두고 있습니다. 사역의 기술을 훈련하는 것도 물론 중요하지만, 사랑 안에서 성장하는 것을 소홀히 해서는 결코 안 됩니다. 한 대학생이 이렇게 말하는 것을 들은 적이 있습니다. "그는 사람들을 그리스도께로 인도할 수는 있으나, 아무도 그와 함께 있기를 원하지 않아요." 인격의 미성숙으로 미루어 볼 때 그가 정말로 사람들을 그리스도께로 인도하였는지 의문이 들 수도 있습니다. 여하튼 그가 정말로 그렇게 했든 하지 않았든, 사랑은 그로 하여금 그리스도를 위하여 진실로 효과적인 증인이요 일꾼이 되도록 하는 데 필수적입니다.

그리고 그것은 우리 모두에게도 해당됩니다. 우리는 하나님께서 은혜로 우리에게 주신 은사들을 부지런히 사용하기를 힘써야 합니다. 그 은사들이 열매를 맺도록 그리스도께 대한 믿음으로 은사를 사용해야 합니다. 그러나 은사를 사용하는 사역을 행할 때 서로에 대한 사랑에서 자라 가기를 힘써야 합니다. 그렇지 않으면 삶의 마지막 장이 기록될 때 마지막 줄에 "나는 아무것도 얻지 못했다"라고 써야 할 것입니다.

자신의 은사를 앎

우리가 진실로 하나님의 뜻을 행하는 데 자신을 헌신할 때, 하나님께서는 우리가 그리스도의 몸 안에서 영적 은사를 사용하며 맡은 기능을 수행하도록 삶의 모든 과정을 인도하여 주실 것입니다. 하지만 그리스도의 몸 안에서 다른 사람들을 섬기는 일에 하나님께서 우리 자신을 어떻게 인도하셨는지 주기적으로 평가해 보는 것도 중요합니다. 자신의 은사를 계발하려면 먼저 그것이 무엇인지를 알아야 합니다. 대부분의 그리스도인들이 공통적으로 경험하는 바는 우리가 그리스도 안에서 성숙해 감에 따라 우리의 삶을 인도하시는 하나님의 방법이 변화한다는 사실입니다.

영적으로 어린 그리스도인일 때는 보통 하나님께서 분명한 섭리적 환경이나 지시를 통해 우리 삶에 대한 하나님의 뜻을 보여 주시며 그리로 인도하십니다. 영적으로 미성숙할 때는, 어린 아이가 어른의 인도를 받아 복잡한 거리를 걸어가듯, 우리도 인도를 받아야 합니다. 그러나 주님 안에서 성숙해 감에 따라, 우리를 향한 하나님의 특별한 뜻이 무엇인지를 알기가 더 어려워지는 것을 보게 됩니다. 하나님께서 우리에게 주신 특별한 은사가 무엇인지를 알면 어떤 일을 결정하는 데 도움이 될 것입니다. 내가 어떤 일을 할 것인가를 결정하는 데 가장 우선적으로 고려된 것이 나의 은사였습니다. 이와 같이 삶의 중요한 결정을 앞두고 하나님의 인도하심을 분별하는 데 중요한 요소가 바로 자신의 은사를 아는 것입니다.

로마서 12:3에서는 각자의 은사를 평가해 보라고 권면합니다. "내게 주신 은혜로 말미암아 너희 중 각 사람에게 말하노니, 마땅히 생각할 그 이상의 생각을 품지 말고 오직 하나님께서 각 사람에게 나눠 주신 믿음의 분량대로 지혜롭게 생각하라." 전후 문맥을 살펴볼 때 이 구절은 우리의 영적 은사가 무엇인지를 진지하게 알아보도록 권면하고 있다고 생각합니다. 그러면 우리는 삶 속에서의 하나님의 인도하심을 어떻게 평가하며, 몸의 유익을 위하여 하나님께서 우리에게 주신 은사가 무엇인지를 어떻게 알 수 있습니까?

여기에 어떤 정해진 공식은 없지만, 우리의 은사를 알아내는 데 도움이 될 수 있는 제안을 몇 가지 하면 다음과 같습니다. 첫째, 우리는 하나님께서 우리를 위해 정하신 뜻을 행하는 일에 헌신되어 있어야 합니다. 하나님의 뜻을 발견하려고 할 때 90%는 기꺼이 그 뜻에 순종하려 하는 태도에 있다고 할 수 있습니다. 우리를 향한 하나님의 뜻은 우리에게 주신 은사와 일치하기 때문에, 하나님께서 우리에게 원하시는 것이 무엇이든지 간에 행하려는 헌신된 자세는 우리의 은사가 무엇인지를 알아내는 데 필수적이라고 할 수 있습니다. 그러나 이 자원하는 태도가 하나님의 뜻을 행하려는 것이며, 몸 안에서 우리의 기능을 수행하려는 것임을 주목하십시오. 그것은 우리 자신에 대하여 어떤 것을 발견하려는 태도, 즉 우리의 은사가 무엇인지를 발견하려는 태도가 아닙니다. 오히려 그것은 하나님께서 그리스도의 몸 안에서 우리에게 하라고 명하신 것은 무엇이든지 간에 기꺼이 행하려는 태도입니다.

당신이 이미 하나님의 뜻을 행하는 데에 자신을 헌신했다면, 그다음 할 일은 하나님께서 그동안 당신을 어떻게 인도하셨는지를 생각해 보는 것입니다. 하나님께서 당신에게 맡기신 일은 무엇이며, 또한 하나님께서 당신에게 주시지 않은 일은 무엇입니까? 당신이 그리스도의 몸 안에서 시도한 섬김은 어떤 것이며, 그 섬김을 통해 하나님의 축복을 경험하고 있습니까? 또는 시도했으나 하나님의 축복을 경험하지 못한 것은 어떤 것입니까? 어떤 섬김의 기회가 당신에게 열려 있습니까? 또한 당신에게 닫혀 있는 기회는 무엇입니까?

한번은 내가 아주 좋아하는 사역을 할 수 있는 기회가 내게 주어졌습니다. 그러나 당시 내가 맡은 책임을 대신할 사람이 아무도 없었으므로 나는 그 사역을 할 수 없게 되었습니다. 기회의 문이 닫힌 경우입니다. 그러나 얼마 후 다른 형태의 임무를 맡도록 부탁을 받았는데, 그때는 내 일을 대신할 사람이 있어서 나는 그 일을 하게 되었습니다. 그리고 나서 조금 시간이 지나 분명해진 사실은, 첫 번째 기회는 나의 은사 밖에 있는 것이었고, 나중의 임무는 나의 은사와 일치했다는 것이었습니다. 이 중요한 결정과 그 밖의 경우를 통해 내가 어떤 은사를 가지고 있고, 어떤 은사는 가지고 있지 않은지를 깨닫는 데 큰 도움이 되었습니다.

당신의 자연적인 능력과 기질도 살펴보십시오. 자연적 능력이 영적 은사와 동일하지는 않지만, 영적 은사가 우리의 능력과 기질적 특성과 긴밀한 관련이 있다는 것은 사실입니다. 예를 들어, 나는 가르치는 은사가 있다고 했습니다. 가르치는 은사는 연구하며 그 연구 결과를 체계화하는 능력을 전제로 하고 있습니다. 나는 지적 호기심이 많고, 깊이 생각하고 연구하는 기질을 타고난 것 같습니다. 나는 연장이나 도구를 가지고 무엇을 만드는 것보다는 생각과 개념을 다룰 때 훨씬 더 편안함을 느낍니다. 나의 행정과 가르침의 은사는 둘 다 나의 자연적인 능력과 기질 위에 세워집니다.

여기서 한마디 주의해 두고 싶은 말은, 자연적 능력과 기질이 언제나 은사를 분명하게 가리켜 주는 것은 아니라는 점입니다. 하나님께서는 우리의 자연적 능력이 발휘될 수 없는 일에 우리를 부르실 수도 있습니다. 예를 들면 음악이나 기타 기술 면에서의 많은 자연적 능력이 선교지에서는 그냥 묻혀 있게 되는 경우도 있는 것입니다. 우리의 능력과 기질까지도 십자가 밑에 내려놓아야 합니다. 하나님께서 그것을 사용하실 수도 있고 사용하시지 않을 수도 있습니다. 이는 어디까지나 하나님의 주권적인 뜻에 속한 것입니다. 우리가 해야 할 일은 자신의 능력과 기질을 하나님께 내맡기는 것입니다.

아마도 당신의 은사를 알 수 있는 가장 중요하고 효과적인 판단 기준은 다른 그리스도인들로부터의 입증일 것입니다. 다른 사람들을 섬기는 일에 당신의 영적 은사를 사용했을 때, 그 결과 하나님의 축복으로 말미암아 그 열매가 나타나야 합니다. 그들이 당신에게 감사와 격려의 말을 할 수도 있고, 또다시 도움을 요청할 수도 있습니다. 그렇다면 당신은 그 일에 은사가 있을 수가 있습니다. 마지막으로 당신을 잘 알고 있는 영적 지도자나 성숙한 그리스도인에게 당신의 은사가 무엇인지 평가해 달라고 요청할 수도 있습니다. 또는 "내 생각에는 나의 은사가 무엇인 것 같은데 어떻게 생각하십니까?" 하고 물어 볼 수도 있습니다.

    당신의 은사가 무엇이든지 간에, 하나님께서 당신에게 주신 은사를 몸 안의 다른 지체들과 나눔으로써 당신은 기쁨과 성취감을 맛보게 될 것입니다.

8

물질을 나눔

> 오직 선을 행함과 서로 나눠 주기를 잊지 말라.
> 이 같은 제사는 하나님이 기뻐하시느니라.
> 히브리서 13:16

사무실 내 책상 위에는 어느 기독교 기관으로부터 경제적 도움을 요청하는 편지가 하나 놓여 있습니다. 그 기관은 자국에서 파송된 해외 선교사를 돕는 일을 하고 있습니다. 매주 나는 미국 내의 영세민을 도와 달라는 편지나 다른 나라에서 가뭄으로 인해 굶주리고 있는 사람들을 도와 달라는 호소를 접하게 됩니다. 여러 가지 사역을 위한 재정적 지원 요청은 한이 없는 것 같습니다. 세계 곳곳에서 필요가 한이 없기 때문에 그럴 수밖에 없다는 생각이 듭니다.

다른 사람들의 물질적 필요를 채우는 일에 대해 우리 그리스도인들은 어떠한 반응을 보이는 것이 성경적으로 타당할까요? 이러한 상황에서 하나님께서는 믿는 자들이 취해야 할 태도를 성경에서 어떻게 말씀해 주셨습니까? 아니면 각자의 박애 정신에 맡겨진 문제입니까? 그리고 이 문제는 그리스도인의 교제와 어떤 연관이 있습니까?

　신약성경에 사용되고 있는 교제라는 말을 여러 면에서 분석해 보면, 궁핍한 가운데 있는 사람들과 물질을 나누는 면에 이 말이 가장 보편적으로 사용되고 있음을 알 수 있습니다. 그리스도인들끼리의 사교적 활동이나 영적인 내용을 나누는 것을 교제에 대한 통념으로 가지고 있는 사람에게는 전혀 의외의 사실입니다. 하지만 교제의 가장 보편적인 의미는 궁핍한 처지에 있는 사람들에게 물질을 나누어 주는 것입니다. 1장에서 살펴본 바와 같이 교제란 모든 믿는 자들의 유기체적 공동체 관계임을 생각한다면, 이는 결코 놀랄 일이 아닙니다. 그리스도의 몸의 다른 지체들에 대하여 사랑과 관심을 실제적으로 보여 주는 이 일은 신약성경에 있는 교제의 의미를 실천하는 중요한 일입니다.

　궁핍한 사람들에게 물질적인 도움을 주는 것과 연관하여 이해를 돕기 위하여 교제가 이와 같은 뜻으로 사용된 성경 구절을 찾아보도록 하겠습니다. 강조되어 있는 부분은 헬라어에서 어떤 형태로든 '코이노니아'가 사용되고 있습니다.

　　성도들의 쓸 것을 **공급하며** 손 대접하기를 힘쓰라. (로마서 12:13)

　이는 마게도냐와 아가야 사람들이 예루살렘 성도 중 가난한 자들을 위하여 기쁘게 얼마를 **동정**하였음이라. 저희가 기뻐서 하였거니와 또한 저희는 그들에게 빚진 자니, 만일 이방인들이 그들의 신령한 것

을 **나눠 가졌으면** 육신의 것으로 그들을 섬기는 것이 마땅하니라. (로마서 15:26-27)

이 은혜와 성도 섬기는 일에 **참여함**에 대하여 우리에게 간절히 구하니. (고린도후서 8:4)

이 직무로 증거를 삼아 너희의 그리스도의 복음을 진실히 믿고 복종하는 것과 저희와 모든 사람을 **섬기는** 너희의 후한 연보를 인하여 하나님께 영광을 돌리고. (고린도후서 9:13)

선한 일을 행하고 선한 사업에 부하고 나눠 주기를 좋아하며 **동정하는** 자가 되게 하라. (디모데전서 6:18)

오직 선을 행함과 **서로 나눠 주기**를 잊지 말라. 이 같은 제사는 하나님이 기뻐하시느니라. (히브리서 13:16)

나눔: 순종의 행위

위 구절들은 궁핍한 사람들과 물질을 나누는 것 또한 교제의 일부라는 신약성경의 교훈을 이해하는 데 도움이 됩니다. 이 말씀들을 묵상해 보면, 두 가지 사실이 나타나 있음을 보게 됩니다. 궁핍한 가운데 있는 사람들에게 나누어 주라는 명령을 하고 있다는 점과, 우리의 소유를 다른 사람들과 나누는 것은 기쁜 일이라는 점입니다.

궁핍한 처지에 있는 사람들에게 나누어 주는 일은 흔히 선택적인 일로 간주되곤 합니다. 집 없는 아이들, 기아로 죽어 가고 있는 종족들의 가슴 아픈 이야기는 우리 마음속에 동정심과 박애 정신을 불러일으킵니다. 가슴 찢어지는 듯한 이야기는 결국 우리 지갑을 열게 만들고 맙니다. 그러한 궁핍한 사정들이 우리 마음에 동정심을 불러일으키기는 하지만, 인간적 동정심만으로 헌금의 주된 동기가 되어서는 안 됩니다. 하나님께 대한 순종이 이러한 헌금의 기본 동기가 되어야 합니다.

앞의 성구들 가운데 다음 말씀을 묵상해 봅시다. "그들을 섬기는 것이 마땅하니라." "너희의 그리스도의 복음을 진실히 믿고 복종하는 것과 저희와 모든 사람을 섬기는 너희의 후한 연보를 인하여 하나님께 영광을 돌리고." "나눠 주기를 좋아하며 동정하는 자가 되게 하라."

우리는 나눠 주라는 명령을 받았습니다. 따라서 나눠 주는 것은 순종의 행위입니다. 궁핍한 사람들에게 나눠 주는 것은 당연히 해야 마땅한 일입니다. 교제의 이러한 측면은 동정심에서 나오는 선택 사항이 아닙니다. 이것은 하나님께서 명령하신 의무사항이며, 유기체적 공동체 관계라는 교제의 본질에서 나옵니다. 하나님의 모든 뜻에 순종하기를 구하는 그리스도인에게 이와 같이 나눠 주는 일은 주님께 대한 순종의 표현입니다.

우리는 자신의 기분에 따라서 나눠 주어도 되고 나눠 주지 않아도 된다는 식의 태도에서 벗어나야 합니다. 문제는 나눠 줄 것이냐 말 것이냐가 아니라, 우리의 관심을 기울여야 할 사람들의 필요가 무엇이며, 이에 대해 어떠한 반응을 보여야 하느냐는 것입니다.

물론 물질적으로 궁핍한 사람들을 볼 때에 마음속에 동정심이 일어나야 합니다. 요한일서 3:17에서 "누가 이 세상 재물을 가지고 형제의 궁핍함을 보고도 도와줄 마음을 막으면 하나님의 사랑이 어찌 그 속에 거할까보냐?"라고 말했습니다. 이것은 중요한 질문입니다. 이 말씀은 본질적으로, 궁핍한 사람들에 대하여 마음이 움직이지 않는 사람들의 신앙 고백에 의문을 던지고 있습니다. 신자들의 유기체적 공동체로서의 교제를 창조하신 분이 바로 성령이시기에, 성령께서는 또한 공동체의 지체들 안에 서로에 대해 보살핌과 관심, 그리고 궁핍한 지체들에 대해 불쌍히 여기는 마음을 불러일으키십니다.

로마서 12:13에서는 "성도들의 쓸 것을 공급하며…"라고 말씀합니다. 존 머리는 이 구절을 다음과 같이 풀이하였습니다. "만일 이 권면에 동의한다면 성도들의 필요를 채워 주기 위해 우리 자신의 소유를 나누어 주어야 합니다. 그러나 이것은 정확한 개념을 가지고 이루어져야 합니다. 즉 성도들에게 나눠 준다는 개념이 아니라, 성도들의 필요에 참여한다 또는 성도들의 필요를 함께 나눈다는 개념을 가지고 이루어져야 합니다. 그러한 개념은 성도들의 필요에 동일시하고 그것을 우리 자신의 것으로 받아들임을 의미합니다." 찰스 하지 역시 우리가 같은 몸의 지체이기 때문에 다른 성도들의 필요를 우리 자신의 것으로 여겨야 한다고 설명하고 있습니다.

성도들의 필요에 참여하여 나누고 그들의 필요를 우리 자신의 것으로 삼을 때, 우리는 그들의 필요를 채우기 위해 우리 자신의 물질을 그들과 나눌 마음을 갖게 될 것입니다. 이것이 바로 오순절 이후에 초대 교회 성도들이 보여 준 태도였습니다. "믿는 무리가 한마음과 한뜻이 되어 모든 물건을 서로 통용하고 제 재물을 조금이라도 제 것이라 하는 이가 하나도 없더라"(사도행전 4:32).

그러나 로마서 12:13에 대한 존 머리나 찰스 하지의 설명에서 중요한 사실은, 나눔의 기초는 관계라는 점입니다. 즉 우리는 서로에게 속해 있고 한 몸의 지체이기 때문에 다른 사람의 필요를 나의 필요로 받아들이는 것입니다. 만일 당신과 내가 서로 속해 있는 관계라면 당신의 필요는 바로 나의 필요가 되고 나의 필요는 당신의 필요가 되는 것입니다. 궁핍한 사람들과 물질을 나누는 것은 교제의 객관적 본질을 실제 삶으로 실천하는 것입니다. 모든 경험적 교제는 객관적 관계에 기초하고 있음을 기억하는 게 중요합니다. 우리는 몸의 다른 지체들과 교제 가운데 있습니다. 그러므로 매일의 삶 속에서 실천을 통해 그 사실을 나타내야 합니다.

궁핍한 성도들에게 우리의 소유를 나눠 주는 일은 하나님의 명령에 대한 순종의 행위이며, 또한 우리가 신자들의 공동체 안에 있다는 증거입니다. 그러나 나눔이 순종의 행위라고 해서 드리는 일에 있어서 속에서 우러나는 후한 마음의 중요성을 간과해서는 안 됩니다. 하나님께서는 마지못해 복종하여 인색함으로 드리는 것을 원치 않으시며, 감사가 넘치는 마음으로 후하게 드리기를 원하십니다. 고린도후서 9장에서는 궁핍한 사람들을 돕는 것과 연관하여 "후함"이라는 단어를 여러 형태로 일곱 번이나 사용하고 있습니다(5,6,11,13절). 여기에는 마지못해 하는 복종과 같은 모습이 보이지 않습니다. 하나님께 진정으로 순종하는 것이 되기 위해서는 하나님께 대한 순수한 사랑과 감사하는 마음에서 비롯되어야 합니다.

후한 마음은 성령의 열매이자 계발되어야 할 성품입니다. 후한 마음을 계발하는 한 가지 방법은 우리가 다른 신자들과 공동체 관계에 있다는 사실을 더욱 깊이 깨달아 가며, 또 그 사실을 감사하는 것입니다. 우리가 서로에게 속해 있다는 사실을 진정으로 깨달을 때, 부모가 자기 자녀에 대하여 후히 주기를 기뻐하듯이, 우리는 서로에 대하여 후히 주기를 원할 것입니다.

즐거운 경험

궁핍한 가운데 있는 다른 지체들과 나누는 것은 즐거운 일입니다. 앞에서 얘기한 고린도후서 8:4에서는 마게도냐 성도들이 예루살렘 성도들을 돕는 일에 참여하는 특권을 주기를 얼마나 간절히 원하고 있는가를 설명하고 있습니다. 이 구절은 또한 마게도냐 성도들이 큰 기쁨으로 이 일을 하고 있음을 보여 주고 있습니다. 고린도후서 8:2에서는 "환난의 많은 시련 가운데서 저희 넘치는 기쁨과 극한 가난이 저희로 풍성한 연보를 넘치도록 하게 하였느니라"라고 말했습니다. 그들은 분명 극한 가난 중에서도 헌금하는 것을 기뻐했습니다.

잠언 11:25에서는 다른 사람들과 물질을 나누는 기쁨에 대해 말씀합니다. "구제를 좋아하는 자는 풍족하여질 것이요 남을 윤택하게 하는 자는 윤택하여지리라." 이러한 기쁨은 다른 지체의 필요를 채워 줄 때와 하나님의 뜻에 순종할 때, 그리고 우리 삶 가운데서 역사하시는 하나님의 은혜를 경험할 때 맛볼 수가 있습니다. 이 구절을 공부하던 날 몇몇 그리스도인의 경제적 필요를 알게 되었고, 당시 아주 어려운 처지에 있던 그들에게 경제적 도움을 줄 수 있었을 때의 기쁨은 이루 말할 수가 없었습니다. 그들 또한 그리스도의 몸 안에 있는 다른 지체를 통해 하나님께서 그들의 필요를 채워 주시는 것을 경험하고 큰 기쁨을 누리게 되었으리라 믿습니다.

하나님께 영광을 받으심

궁핍한 가운데 있는 성도들과 나누는 일을 통해 또한 하나님께서 감사와 찬양을 받으시게 됩니다. 고린도후서 9:11-13에서는 궁핍한 사람들을 향한 후한 헌금이 하나님께 대한 감사를 가져온다고 말합니다. "너희가 모든 일에 부요하여 너그럽게 연보를 함은 저희로 우리로 말미암아 하나님께 감사하게 하는 것이라. 이 봉사의 직무가 성도들의 부족한 것만 보충할 뿐 아니라 사람들의 하나님께 드리는 많은 감사를 인하여 넘쳤느니라. 이 직무로 증거를 삼아 너희의 그리스도의 복음을 진실히 믿고 복종하는 것과 저희와 모든 사람을 섬기는 너희의 후한 연보를 인하여 하나님께 영광을 돌리고."

웨스트민스터 소요리 문답을 보면, 인간의 제일가는 목적은 하나님을 영화롭게 하며 영원토록 하나님을 즐거워하는 것이라고 정의합니다. 다른 사람들과 나누는 일을 통해서 하나님께 영광을 돌리게 됩니다. 궁핍한 가운데 있는 신자들은 나눔을 통해 하나님께서 그들의 필요를 채워 주시는 것을 경험하게 되기 때문입니다. 따라서 그들은 우리로부터 받는 선물을 하나님께서 주시는 선물로 받습니다. 우리가 나누는 일은 곧 하나님의 일이기도 합니다. 하나님께서는 여러 사람과 여러 방법을 통해 하나님의 일을 이루시기 때문입니다. 하나님께서는 자기 자녀들의 필요를 채워 주실 것을 약속하셨으며, 이 일을 하나님의 다른 자녀들을 통하여 이루시곤 합니다. 하나님께서는 그리스도 안에서 한 몸 된 지체들이 서로 주고받음으로써 서로 돌아보도록 하셨습니다. 우리가 다른 사람과 무엇을 나눌 때에는 하나님께서 영광과 감사를 받으시기를 원해야 합니다. 받는 사람이 우리에게 감사하는 것도 좋은 일이지만, 우리는 하나님께서 영광을 받으시기를 바라는 마음을 가지고 있어야 합니다.

이렇게 하나님께 영광을 돌릴 수 있다는 것이 얼마나 큰 축복입니까? 하나님께서는 자원이 무한하신 분이시므로, 성도들의 필요를 무엇이든지 채워 주실 수 있습니다. 하나님께서 그들의 필요를 채워 주시는 방법은 수없이 많습니다. 어떤 방법으로 하시든지 하나님의 이름을 영화롭게 하실 것입니다. 하나님께서는 길거리에서 우연히 돈을 줍게 하신다든지, 기타 섭리를 베풀어 주시는 환경을 통해서 필요를 해결해 주실 수도 있습니다. 그러나 하나님께서는 이러한 방법보다는 우리가 순종함으로 후히 드리는 것을 통해 필요를 채워 주시고 이로 말미암아 영광을 받으시는 편을 택하시는 경우가 훨씬 많습니다. 이렇게 할 때 하나님께서 영광을 받으실 뿐만 아니라, 신자들 간의 교제도 더욱 아름답고 견고하게 됩니다.

우리는 나눔으로써 우리의 삶에서 하나님의 은혜를 경험하게 됩니다. 고린도후서 8:1과 9:14 말씀은 순종함으로 드리는 후한 연보를 통해 하나님의 은혜를 경험하게 되는 모습을 명확하게 보여 줍니다. 다른 사람의 필요를 채워 주기 위해 우리의 소유를 내어 주는 일이 자연스럽게 되는 일은 아닙니다. 그러나 하나님께서는 우리를 '자기만을 위해 붙잡고 있는 자'에서 '후히 내어 주는 자'로 변화시켜 주실 수 있습니다. 그리고 우리 안에서 역사하시는 하나님의 이 변화시키는 은혜를 인하여 하나님께 영광을 돌리게 됩니다.

누구와 나눌 것인가

　지금까지 이 장에서 우리는 궁핍한 가운데 있는 성도들과 나누는 일에 대해 토의했습니다. 교제는 그리스도의 몸 안에서 함께 나누는 것이기에 우리는 자신이 가진 것을 다른 지체들과 나누게 됩니다. 궁핍한 처지에 있는 신자들을 개인적으로 알고 있는 사람이 없는 그리스도인들에게는 이것이 이론적인 얘기로 들릴지도 모릅니다. 사실 중산층의 그리스도인들이 주로 모이는 교회에 나가는 이들은 교회 안에서 물질적으로 어려운 처지에 있는 신자들을 알기가 힘들 수도 있습니다.

　하지만 이와 같이 물질을 나누는 교제를 삶에 적용하기를 진정으로 원하며, 그러한 기회를 주시도록 하나님께 기도하며 찾는 사람에게는, 하나님께서 그런 기회를 주실 것입니다. 앞에서 경제적으로 어려웠던 내 친구에 대해 말한 적이 있습니다. 그는 여간 어려운 형편이 아니어서 흔히 하는 말로 밖에서 비가 오면 안에서는 소나기가 퍼붓는 집이었습니다. 경제적으로 쪼들리는 데다가 중한 치료를 받는 것까지 있어 몸 된 지체들의 도움을 받지 않으면 안 될 형편이었습니다.

　한번은 친구에게 바지와 재킷을 사 주려고 함께 옷 가게에 들른 적이 있었습니다. 친구의 필요를 알고 이를 채워 주려고 한 것이 아니라, 다만 넉넉하게 채워 주시는 하나님의 축복을 함께 나누고 싶은 생각에서였습니다. 나의 생각을 친구에게 나누었더니, 바로 전날 하나밖에 없는 재킷의 소매가 찢어졌는데, 살 만한 형편이 되지 못했다는 것이었습니다. 내가 친구의 필요를 보기 전에 하나님께서 내게 나눌 수 있는 기회를 주신 경험이었습니다.

당신이 그리스도의 몸 안에서 나누어 주는 일을 하기를 진정으로 원한다면, 하나님께서는 당신에게도 같은 역사를 해 주실 것입니다. 고린도후서 9:8에서 "하나님이 능히 모든 은혜를 너희에게 넘치게 하시나니 이는 너희로 모든 일에 항상 모든 것이 넉넉하여 모든 착한 일을 넘치게 하게 하려 하심이라"라고 한 것처럼, 하나님께서는 나눌 수 있는 기회를 주실 뿐만 아니라 나누는 방법까지도 준비해 주실 것입니다.

하나님께서는 우리에게 우리가 개인적으로 알고 있는 사람들의 물질적 필요를 직접 채워 주는 특권을 주시기도 하지만, 오늘날 우리의 나눔은 많은 경우 다른 사람들의 물질적 필요를 알아내어 채워 주는 일을 전문으로 하는 기관에 헌금을 함으로써 이루어지기도 합니다. 신약성경에도 이에 대한 예가 있습니다. 바울은 예루살렘의 가난한 성도들을 구제하기 위하여 마게도냐와 아가야에 있는 이방인 교회들을 방문하였습니다. 일종의 1인 구호 기관이었습니다. 같은 방법으로 오늘날도 고립된 지역이나 해외의 가난에 허덕이는 성도들의 필요를 위해 일하는 복음적인 구호 기관들이 많이 있습니다.

우리 가족은 개인적으로 알고 있는 사람들의 필요를 돕는 기회가 여러 차례가 있기도 하였지만, 대개는 교회나 신뢰할 수 있는 기관을 통해 이런 헌금을 보내고 있습니다.

이러한 단체들은 대개 그리스도인들뿐만 아니라 불신자들도 섬깁니다. 물론 그들의 사역을 통하여 많은 사람들을 그리스도께로 인도하는 것을 목적으로 삼고 그리스도의 이름으로 사역을 합니다. 오늘날 이 세상에서 그리스도인들만을 대상으로 물질적인 도움을 준다는 것은 성경적이지도 않고 실제적이지도 않습니다. 갈라디아서 6:10에서 "그러므로 우리는 기회 있는 대로 모든 이에게 착한 일을 하되 더욱 믿음의 가정들에게 할지니라"라고 말했습니다. 그리스도인들을 우선적으로 도와야 하겠지만, 불신자들을 무시해서도 안 됩니다. 물질적으로 돕는 일에 그리스도인들만 따로 분리한다는 것은 현실적으로도 불가능합니다.

정기적인 나눔

헌금의 원리 중 하나로, 계획을 가지고 정기적으로 할 것을 여러 곳에서 가르치고 있습니다. 고린도 성도들에게 헌금을 가르치는 고린도전서 16:2에서 이 원리를 볼 수 있습니다. "매 주일 첫날에 너희 각 사람이 이를 얻은 대로 저축하여 두어서 내가 갈 때에 연보를 하지 않게 하라." 이 가르침은 예루살렘의 가난한 성도들을 위해 모금하는 상황에서 주어졌습니다. 그러므로 신자들이건 불신자들이건 궁핍한 사람들을 돕는 헌금도 지역 교회나 선교 기관을 위하여 하는 헌금처럼 계획을 가지고 정기적으로 해야 합니다.

고린도전서 16:1-2과 아울러 헌금에 대한 원리를 잘 가르치고 있는 곳은 고린도후서 9:6-8입니다. "이것이 곧 적게 심는 자는 적게 거두고 많이 심는 자는 많이 거둔다 하는 말이로다. 각각 그 마음에 정한 대로 할 것이요 인색함으로나 억지로 하지 말지니 하나님은 즐겨 내는 자를 사랑하시느니라. 하나님이 능히 모든 은혜를 너희에게 넘치게 하시나니 이는 너희로 모든 일에 항상 모든 것이 넉넉하여 모든 착한 일을 넘치게 하게 하려 하심이라." 두 구절 모두 이방 신자들이 예루살렘에 있는 유대인 신자들의 필요를 채우는 것과 연관된 이야기를 하고 있습니다.

헌금에 대하여 신약성경에 나와 있는 대부분의 내용들은 궁핍한 처지에 있는 그리스도인들을 물질적으로 돕는 것과 연관되어 있습니다. 성도들의 궁핍한 것을 채워 주는 성경적인 원리가 명확하게 제시되어 있는데도 불구하고 오늘날 헌금의 이러한 중요한 일면을 보지 못하는 경우가 종종 있습니다. 자칫 그리스도의 몸 안에 있는 다른 지체들의 필요를 채우는 일은 등한시하는 경향이 있는데, 그 이유는 교제의 참의미와 성경적인 실천에 대한 안목을 잃었기 때문이라고 생각합니다.

5장에서 하나님의 백성들이 영적으로 서로 나눌 때 하나님께서 기념책에 기록하시기까지 기뻐하신다는 사실을 보았습니다 (말라기 3:16 참조). 뿐만 아니라 우리가 물질을 나눌 때에도 역시 하나님께서는 기뻐하십니다. 히브리서 13:16은 "오직 선을 행함과 서로 나눠 주기를 잊지 말라. 이 같은 제사는 하나님이 기뻐하시느니라"라고 말씀합니다. 우리가 가진 소유물로 궁핍한 가운데 있는 사람과 나눔으로써 하나님을 영화롭게 하고 하나님을 기쁘시게 한다는 것은 얼마나 큰 특권입니까?

끝으로 이 나눔의 교제를 악용하는 사람들이 있기에 이 장을 끝맺기 전에 경고의 말을 덧붙이고자 합니다. 그들은 자기 손으로 일하기를 멈추고, 다른 사람들의 도움만을 바라는 자들입니다. 그들은 무책임한 사람들일 뿐만 아니라 사기꾼들입니다. 이같은 사람들에게 성경은 적절한 경고를 해 주었습니다. "…누구든지 일하기 싫어하거든 먹지도 말게 하라.…"(데살로니가후서 3:10).

9

전임 사역자들을 지원함

가르침을 받는 자는 말씀을 가르치는 자와
모든 좋은 것을 함께하라.
갈라디아서 6:6

최근 어느 교회에 가서 말씀을 전할 기회가 있었습니다. 제직회의 회장인 분이 그 교회 목사님의 사례금을 어떻게 하면 공정하면서도 적정하게 결정할 수 있는지 나의 의견을 물었습니다. 대화 중에 그는 이런 말을 했는데 그 말은 참으로 인상 깊었습니다. "우리 목사님은 우리의 가장 귀중한 재산입니다. 그분은 이 교회 건물보다 훨씬 더 값집니다." 흔히들 교회의 웅장한 건물을 크게 강조하는 반면, 그 건물을 귀중하게 만들어 주는 이들을 돌아보는 일에는 무관심하고 소홀한 경우가 많은데, 그의 생각은 아주 다른 것이어서 신선한 충격을 주었습니다.

우리 그리스도인들이 너무도 자주 세상의 영향을 받기 쉬운 것 같습니다. 칼빈은 이런 말을 했습니다. "사탄의 사역자들의 배는 채워 주면서도 경건한 주님의 사역자들에게 필요한 양식을 공급하는 일에는 인색한 것이 세상의 본성이며 지금까지 항상 그래 왔습니다."

앞에서 교제의 주요한 표현 중의 하나가 우리가 가진 것을 다른 사람들과 나누는 것임을 보았습니다. 서로 나누는 이 나눔은 그게 영적인 것이든 물질적인 것이든, 교제의 가장 기본적인 의미인, '관계' 즉 그리스도 안에서 공동의 생명을 함께 나누고 있다는 사실로부터 비롯됩니다. 8장에서 살펴보았듯이, 궁핍한 신자들과 물질적 소유물을 나누는 것은 신약성경에서 가장 빈번히 언급된 교제의 표현입니다. 6장에서 살펴보았듯이, 복음의 동역 관계 안에서 사역자들과 물질적인 나눔을 갖는 것 또한 분명 신약성경의 가르침입니다.

말씀을 가르치는 자와의 나눔

갈라디아서 6:6에서는 우리의 물질적 소유물을 나누는 데 있어서 한 가지를 더 언급합니다. "가르침을 받는 자는 말씀을 가르치는 자와 모든 좋은 것을 함께하라." 곧 우리에게 하나님의 말씀을 가르치는 자들과의 나눔입니다. 여기서 "함께하라"는 말이 '코이노니아'를 가리킵니다. 가르침을 받는 자는 말씀을 가르치는 일에 수고하는 자들의 물질적 필요를 돌아볼 책임을 지고 있다는 것입니다. 이것이 교제에 대한 신약성경의 또 다른 표현입니다.

가르치는 자는 영적 진리를 나누고, 배우는 자는 물질적 소유를 나누는, 이와 같이 서로 나누는 관계를 이 말씀은 염두에 두고 있습니다. 이것은 호혜적인 관계입니다. "저희가 기뻐서 하였거니와 또한 저희는 그들에게 빚진 자니 만일 이방인들이 그들의 신령한 것을 나눠 가졌으면 육신의 것으로 그들을 섬기는 것이 마땅하니라"(로마서 15:27). 고린도전서 9:11에서도 동일한 원리를 말합니다. "우리가 너희에게 신령한 것을 뿌렸은즉 너희 육신의 것을 거두기로 과하다 하겠느냐?"

분명히 말해서, 가르치는 자들의 물질적 필요를 돌아보는 것은 가르침을 받는 자들의 책임입니다. 성경은 이를 강조합니다. 앞서 갈라디아서 6:6에서 언급한 것처럼 가르침을 받는 자는 가르치는 자와 모든 것을 함께 나누어야 합니다. 또한 고린도전서 9:14에는 이 원리가 훨씬 강조되어 나타나 있습니다. "이와 같이 주께서도 복음 전하는 자들이 복음으로 말미암아 살리라 명하셨느니라." 복음 전하는 자들의 물질적 필요를 돌아보는 것은 주님께서 명령하신 것입니다.

그러나 갈라디아서 6:6에 있는, 가르치는 자들에 대한 재정적 지원에 관한 권면은 "함께하라"라고 명령형으로 되어 있지만, 이것은 법이 아니라 사랑 곧 교제의 유대 관계에 그 기초를 두고 있습니다. 배우는 자와 가르치는 자 사이의 나눔은 양자가 그리스도 안에서 가지고 있는 관계의 또 하나의 표현입니다. 그리스도 안에서 공동의 생명을 함께 나눈다는 이 생명적 관계를 깨달을 때, 그 관계를 올바로 표현하는 일이 일어나는 것은 당연합니다. 그 예로, 가르치는 자들이 가르침을 받는 자들과 영적 진리를 나누는 것이 합당하듯이, 또한 가르침을 받는 자들이 가르치는 자들과 물질을 나누는 것도 합당한 것입니다.

오늘을 위한 적용

당시에는 가르치는 자와 가르침을 받는 자 사이에 훨씬 더 직접적인 관계가 있었습니다. 유지해야 할 교회 건물도 없었고, 재정적으로 지원해야 할 교회 프로그램도 없었으며, 매년 정기회의를 열어 심의하고 인준해야 할 기다란 교회 예산안도 없었습니다. 유일한 과제는 전임으로 말씀을 가르치고 전파하는 자들을 지원하는 일이었습니다. 물론 그 사람들을 위한 정해진 봉급도 없었습니다. 그들의 생계는 전적으로 가르침을 받는 자들이 가르치는 자들과 물질을 나누는 것이 진정 중요하다는 사실을 깨닫고 있는가에 달려 있었습니다.

오늘날에는 교회 예산안도 방대하고, 교회 직원도 많으며, 전임 사역자도 많습니다. 이러한 상황에서 가르치는 자들과 물질을 나누라는 이 원리를 어떻게 적용해야 합니까? 어쨌든 전임 사역자들에게 공정하고 적절하게 물질적 보상을 하는 것은 교회의 구성원으로서 우리의 책임입니다. 너무도 자주, 교인들이 "목사님 사례비가 너무 많다"라고 생각할까 봐 전임 사역자들의 사례비 문제가 비밀리에 다루어지는데, 사실은 전임 사역자들이 너무 적게 받고 있는 경우가 많습니다. 전임 사역자들의 사례비는 보통 당회에서 정하지만, 우리는 교회의 구성원으로서 당회에서 전임 사역자들에게 적절한 사례비를 주도록 할 책임이 있습니다.

선교 단체 및 기독교 기관

그러면 지역 교회가 아닌 선교 단체나 기독교 기관에서 봉사하는 전임 사역자들에 대해서는 어떻게 해야 합니까? 바울이 말한 "가르치는 자"에는 복음을 위해 세우심을 받은 전임 사역자들이 모두 포함됩니다. 가르침을 받는 자는 그들을 가르치는 자들과 물질을 나누는 데 주도권을 쥐어야 합니다. 가르침을 받는 자는 사역자가 그의 필요를 알려 주기를 기다려서는 안 됩니다. 분명히 말해서, 신자들은 그리스도인의 삶의 다른 영역에서와 마찬가지로, 이 영역에서도 가르침을 받아야 합니다. 배울 뿐만 아니라 행동으로 실천하는 것이 그들의 책임입니다.

우리가 고려해야 할 또 다른 부류의 전임 사역자는 가르침을 받는 자들이 가르치는 자들을 물질적으로 지원할 수 없는 형편에서 일하는 이들입니다. 그 예로는, 감옥에서 사역을 하는 이들이나 대도시의 빈민가에서 섬기는 이들, 학생들을 대상으로 사역을 하는 이들 등을 들 수 있습니다. 이 사람들 역시 해외에 파송된 선교사들과 마찬가지로 선교사로 인정해야 합니다. 그리하여 그들도 6장에서 논의했듯이, 복음을 위한 동역이라는 기초 위에서 재정적 지원을 받아야 합니다. 물론 우리가 모든 기관과 사역자들을 다 지원할 수는 없습니다. 기도 가운데 하나님께서 어디에 헌금하기를 원하시는지를 깊이 생각한 후에 결정하면 될 것입니다.

하나님께서는 우리가 교제의 표현으로서 다른 사람들과 우리의 물질을 나누기를 원하십니다. 우리는 앞에서 우리가 나누어야 할 사람을 세 그룹으로 분류하여 다루었습니다. (1) 궁핍한 처지에 있는 신자들. (2) 하나님의 말씀을 가르치는 사람들. (3) 국내외의 전임 사역자들. 우리는 이들을 물질적으로 지원함으로써 복음 안에서 동역자가 됩니다.

이 모든 경우에 우리는 나누는 자이지 주는 자가 아니라는 사실을 깨닫는 것이 중요합니다. 나누는 자와 주는 자를 구별할 줄 아는 것이 매우 중요합니다. 주는 자는 의무가 없습니다. 그는 순전히 자원하는 관점에서 줍니다. 그러나 나누는 자는 사랑의 빚이지만 의무 아래 있습니다. 그것은 관계 또는 동역에 따른 책임입니다. 예를 들어, 어느 구호 기관에 내가 주기를 선택할 수도 있고 주지 않기로 선택할 수도 있습니다. 나는 의무 아래 있지 않기 때문입니다. 그러나 나는 자녀들의 필요를 채울 것인가 말 것인가를 선택할 수 없습니다. 나는 부모와 자녀라는 관계에 따른 책임이 있고, 그들의 필요를 채울 사랑의 의무 아래 있기 때문입니다.

그것은 그리스도의 몸 안에서도 마찬가지입니다. 우리는 교제 속에서 서로에게 속해 있습니다. 그 관계는 우리로 하여금 그 관계의 조건을 이행하도록 책임을 부여합니다. 우리는 궁핍한 처지에 있는 자들과든 복음을 위해 수고하고 있는 자들과든 몸의 다른 지체들과 나누어야 할 의무가 있습니다.

따라서 우리의 물질을 그리스도의 몸 안의 다른 지체들과 나누는 것은 책임이요 의무입니다. 그러나 그것은 사랑의 의무요 교제 속의 의무입니다. 진실로 교제를 이해하는 사람들은 나누기를 원하며, 나누어야 할 그들의 책임과 의무를 큰 기쁨으로 받아들입니다. 앞 장에서 보았듯이 마게도냐 성도들은 오늘날 우리에게 좋은 본이 됩니다. 그들은 지극히 가난하면서도 예루살렘의 가난한 성도들을 위하여 헌금하는 일에 참여하는 기회를 달라고 간청하였습니다.

10
고난의 교제

> 내가 그리스도와 그 부활의 권능과
> 그 고난에 참예함을 알려 하여….
> 빌립보서 3:10

이제 교제에서 우리 대부분이 지나치기 쉬운 한 측면을 살펴보고자 합니다. 사도 바울은 그리스도와 그 부활의 권능과 그 고난에 참여함을 알기 원했습니다. 이 구절에서 "참예함"이라는 말이 바로 '코이노니아'입니다. 대부분의 그리스도인들은 그리스도를 더 친밀히 알기 원하는 바울의 마음에 공감합니다. 그리고 자신의 삶 속에서도 부활하신 그리스도의 능력을 경험하기를 원합니다. 그러나 바울이 그리스도의 고난에 참여하는 교제 즉 고난을 함께 나누는 교제를 간절히 알기 원했다는 사실에 이르러서는 얼른 이해를 하지 못합니다.

그리스도를 위한 고난

고난을 즐거워하거나 고난 자체를 위해 고난을 추구하는 사람은 아무도 없습니다. 바울 역시 정상적인 인간적 본능을 지닌 평범한 사람이었습니다. 그러나 바울 안에는 그로 하여금 그리스도의 고난에 참여하는 교제를 간절히 원하도록 작용하는 두 가지 요소가 있었습니다. 첫째로, 그것은 그리스도의 고난, 즉 그리스도를 위한 고난에 참여하는 특권을 의미했습니다. 바울은 그리스도를 전파하고 그리스도의 교회를 세우는 일을 위해 어떤 고난도 마다하지 않았습니다. 그는 골로새서 1:24에서 이렇게 말합니다. "내가 이제 너희를 위하여 받는 괴로움을 기뻐하고 그리스도의 남은 고난을 그의 몸 된 교회를 위하여 내 육체에 채우노라." 당시에 바울은 그리스도와 동일시하며 그리스도를 위해 일할 때에는 반드시 고난이 따른다는 것을 알고 있었습니다. 그러나 그는 그 고난을 당할 준비가 되어 있었습니다. 진실로 그는 고난을 환영하고 즐거워했습니다. 그럼으로써 그는 주님의 나라를 확장하고 주님의 교회를 세울 수 있었기 때문입니다.

바울의 태도는 오늘날의 중산층 그리스도인들의 태도와 얼마나 다른지 모릅니다. 예수님께서 요한복음 10:10에서 약속하신 풍성한 삶을 건강하고 풍요하고 행복이 넘치는 삶으로 이해하고 있기에, 그리스도를 위해 고난을 받는다는 생각은 낯설기만 합니다. 우리는 거룩함을 추구하기보다는 행복을 추구하고 있습니다. 그리스도를 섬기기 위해 우리 자신이나 자녀를 바치는 것은 말할 것도 없고, 자신의 물질도 바치기를 주저합니다.

그러나 성경에서는 거듭거듭 그리스도와 함께 영광에 이르는 길은 그리스도와 함께 그리고 그리스도를 위하여 고난받는, 고난의 길이라고 가르쳐 줍니다. 고난의 길의 중요성을 말해 주는 말씀을 두 구절만 들면 다음과 같습니다. "자녀이면 또한 후사 곧 하나님의 후사요 그리스도와 함께한 후사니 우리가 그와 함께 영광을 받기 위하여 고난도 함께 받아야 될 것이니라"(로마서 8:17). "오직 너희가 그리스도의 고난에 참예하는 것으로 즐거워하라. 이는 그의 영광을 나타내실 때에 너희로 즐거워하고 기뻐하게 하려 함이라"(베드로전서 4:13). 그리스도와의 교제를 온전히 경험하기 원한다면, 그리스도의 고난에 참여하는 교제를 경험하기를 기대해야 합니다.

고난 중의 친교

바울로 하여금 그리스도의 고난에 참여하기 원하게 한, 두 번째 요소는 고난 중의 친교입니다. 그는 그리스도의 고난에 참여함으로써 그리스도와의 깊은 교제 또는 친교를 갖게 될 것을 바랐습니다. 그리스도께서는 그 백성들이 홀로 고난받도록 내버려 두지 않으십니다. 그리스도와 그리스도의 교회를 위하여 고난받은 사람들의 보편적인 간증은, 그들은 고난 중에서 그리스도와의 깊고도 친밀한 교제를 경험했다는 것입니다.

오늘날 서구의 그리스도인들 중 많은 이들은 그리스도를 위하여 받는 고난을 통해 그리스도와의 교제를 이해하거나 그 가치를 깨닫기가 어렵습니다. 그리스도를 위하여 받는 고난을 진정으로 경험한 이들이 거의 없다 해도 지나친 말이 아닙니다. 그러나 교회사를 통해 볼 때 이러한 경우는 예외적입니다. 보고에 의하면, 역사상 그 어느 때보다도 금세기에 들어 그리스도를 위해 순교한 사람이 많다는 사실입니다.

그러나 우리 시대에 그리고 교회사 전반에 걸쳐, 그리스도를 위하여 고난받는 사람들의 간증은 무엇입니까? 그들은 고난 가운데서 독특한 방법으로 그리스도의 임재와 사랑을 경험했다는 것입니다. 그들은 그리스도의 고난에 참여하는 교제를 경험하기를 갈망했던 바울과 동일시할 것입니다. 그들은 그리스도께서는 신실하시며, 그 어느 것도 그들을 그리스도의 사랑에서 떼어 놓을 수 없고, 비록 연약하지만 그 약함 속에서 그리스도의 능력이 나타나며, 모든 고난 속에서 그리스도의 은혜가 족하다는 사실을 경험하였습니다.

그렇다고 그리스도를 위하여 고난받는 그리스도인들을 발견하려고 기독교를 박해하는 나라나 무신론이나 다른 종교를 믿는 문화에 들어가야 할 필요는 없습니다. 심지어 종교의 자유가 있는 국가에서도 많은 그리스도인이 직장에서, 가정에서, 정도의 차이는 있지만 여러 모양으로 고난과 박해를 경험하고 있습니다. 사실상 서구의 신자들이 박해를 덜 받고 있는 이유는 주변 세상에 너무 많이 순응하여 세상을 본받고 있기 때문이라고 생각합니다. 예수님께서는 요한복음 16:33에서 제자들에게 "세상에서는 너희가 환난을 당하나 담대하라. 내가 세상을 이기었노라"라고 말씀하셨습니다. 또한 요한복음 15:19에서는 이렇게 말씀하셨습니다. "너희가 세상에 속하였으면 세상이 자기의 것을 사랑할 터이나 너희는 세상에 속한 자가 아니요 도리어 세상에서 나의 택함을 입은 자인 고로 세상이 너희를 미워하느니라." 세상 안에서 살되 세상에 속하지 아니한 삶은 결국 어떤 형태로든 고난으로 이끌게 됩니다. 사회적으로 거부를 당한다든지, 직장에서 승진 기회를 상실한다든지, 직장을 잃어버린다든지, 또는 가족과 친구들로부터 배척을 당한다든지 등등.

하지만 직장에서나 가정에서 그리스도를 증거하거나 그리스도 편에 섰다가 고난을 받는 사람들이 모두 바울이 원한 것과 같은 그리스도와의 교제를 경험하는 것은 아닙니다. 고난 중에서 그리스도와의 교제를 경험하기 위해서는 사도들처럼 그리스도의 이름을 위하여 능욕받는 일에 합당한 자로 여김을 받는 것을 기뻐해야 합니다(사도행전 5:41). 나 역시 그리스도를 위하여 고난을 받은 적이 있으나 그리스도와의 고난의 교제를 경험하지 못한 경우가 몇 번 있습니다. 나는 그 상황에서 사도들처럼 기뻐한 것이 아니라 분노와 쓴 뿌리가 나의 마음을 지배했었습니다. 나는 그리스도와의 교제 가운데서 그리스도를 위해 고난받는다는 것이 특권임을 알고 위로와 격려를 받기보다는 그냥 자기 연민에 빠져 있었습니다.

그리스도를 증거하다가 고난을 받는 사람들이 고난 중에서 그리스도와의 교제를 경험하지 못하는 또 다른 이유로는, 그들이 고난받는 까닭이 복음 자체 때문이라기보다는 그들이 복음을 나눌 때 지혜와 온유함이 결여되어 있었기 때문인 경우도 있습니다. 우리는 우리가 가지고 있는 소망에 관한 이유를 묻는 자들에게 "온유와 두려움"으로 대답해 주어야 합니다(베드로전서 3:15). 복음은 그 자체가 공격적이어서 듣는 이의 마음을 상하게 할 수가 있습니다. 불신자들에게 불쾌한 것이 우리의 태도보다는 복음 메시지 자체가 되어야 합니다. 그리스도의 복음을 나눌 때 강압적이고 논쟁하는 식으로 하여 상대방의 적대감을 불러일으키고 거부를 당하면, 그리스도와의 고난의 교제를 경험하지 못할 것입니다. 이러한 거부는 그리스도 때문에 받는 고난이 아니라, 복음을 소개하는 과정에서 복음을 잘못 다루었기 때문에 받는 고난입니다. 거부를 경험한 사람들은 그것이 자신의 태도 때문인지 진실로 복음의 성격 때문인지를 정직하게 알아봐야 합니다. 그다음 그 고난이 진실로 그리스도를 위한 것이고 복음 전할 때의 자신들의 태도 때문이 아니라는 확신이 든다면, 이제 그리스도와의 고난의 교제 가운데서 그리스도로부터 위로와 격려를 구해야 하며, 그리스도를 위하여 고난받는 특권을 갖게 된 것을 기뻐해야 합니다.

그렇다면 이 고난의 교제를 어떻게 적용할 수 있겠습니까? 오늘날 고난의 교제에 참여할 수 있는 길로는 무엇이 있겠습니까?

다른 신자들과 함께 고난받음

사도행전 9장을 보면, 다소의 사울은 그리스도인들을 박해하러 다메섹으로 가던 중 부활하신 그리스도를 만나게 되었습니다. 그는 "사울아, 사울아, 네가 어찌하여 나를 핍박하느냐?" 하는 예수님의 음성을 들었습니다(4절). 이에 사울은 "주여, 뉘시오니이까?" 하고 물었고, 예수님께서는 "나는 네가 핍박하는 예수라"라고 대답하셨습니다(5절). 사울은 이미 예수님의 제자들을 박해하였고, 다시 다메섹에까지 가서 그들을 박해하기 위해 길을 가고 있던 중이었습니다. 사울이 핍박한 것은 "나사렛 예수를 따르는 자들"이지 "나사렛 예수"가 아니었습니다. 그런데 예수님께서는 사울에게 "네가 어찌하여 나를 핍박하느냐?"라고 물으셨고, "나는 네가 핍박하는 예수라"라고 하셨습니다. 예수님께서는 제자들과 완전히 동일시하셨기에, 그들을 핍박하는 것은 곧 예수님 자신을 핍박하는 것이었습니다. 이것은 참으로 심오한 진리입니다. 우리가 시련을 당할 때마다 깊이 생각해야 하는 진리입니다. 우리는 그리스도와 너무도 밀접하게 연합되어 있어서 우리에게 해를 끼치는 것은 곧 그리스도께 해를 끼친 것입니다.

이제 그리스도께서는 신자들의 고난을 자기의 고난으로 간주하시기 때문에, 우리가 고난 중에 있는 다른 신자들과 동일시할 때 우리는 그리스도의 고난의 교제에 참여할 수 있게 됩니다. 히브리서 10:32-33에서 이렇게 말씀하고 있습니다. "전

날에 너희가 빛을 받은 후에 고난의 큰 싸움에 참은 것을 생각하라. 혹 비방과 환난으로써 사람에게 구경거리가 되고 혹 이런 형편에 있는 자들로 사귀는 자 되었으니." 그들은 다른 신자들의 고난에 동일시했고, 그들이 고난받을 때 친구로서, 동역자로서 곁에 서 있었습니다. 그들의 고난 가운데서 그들과 교제를 가졌으며, 이러한 관계를 통해 그리스도의 고난의 교제에 참여한 것입니다.

여기서 다시 한번 오늘날 교제에 대한 우리의 관점이 대체로 그리스도인들끼리의 사교적 활동이나 말씀을 함께 나누는 것 정도로만 생각하는 데 치우쳐 있어서 교제의 성경적 실천을 올바로 하지 못하고 있다는 사실을 직면하게 됩니다. 교제는 음식을 먹으며 재미있는 이야기를 나누는 것 훨씬 그 이상입니다. 또한 다른 신자와 함께 성경 말씀에 대해 즐겁게 이야기하는 시간 훨씬 그 이상입니다. 교제에는 때로 고난 중에 있는 신자들과 사귐으로써 피와 땀과 눈물이 포함될 수도 있습니다.

고린도전서 12장에서는 몸의 한 지체가 고난을 당하면 모든 지체도 함께 고통을 당한다고 했습니다(26절). 우리는 우리 자녀들이 고난을 당할 때 너무도 그들과 동일시하기에 그들이 고통당하는 것을 그저 지켜보고만 있지 않고 우리 자신이 동일한 고통을 경험합니다. 이러한 감정은 그들이 우리의 일부라는 사실에 따른 자연적인 반응입니다.

이제 성경은 다른 지체들의 상처와 고통이 가족 관계에서 경험하는 것 그 이상으로 그리스도의 몸 안에서도 바로 우리 자신의 것이 되어야 한다고 말씀합니다. 신체의 한 부분이 고통을 받으면 온 몸이 고통을 당하듯이, 그리스도의 몸 안에서도 그러해야 하는 것입니다.

4장에서 교제란 무엇보다도 먼저, 전 세계에 있는 모든 신자들이 그리스도 안에서 한 공동체라는 객관적인 사실을 배웠습니다. 세계 어느 곳에 있든지 고난받는 신자들은 우리와 같은 몸의 지체들입니다. 우리는 함께 그리스도의 몸을 이루고 있습니다. 그러므로 몸의 지체들은 서로에 대하여 동일한 관심을 가지고 있어야 합니다.

뿐만 아니라 고통당하고 있는 다른 지체들에 대한 우리의 관심은 사랑의 동기에서 일어나야 합니다. 로마서 12:10에서는 이렇게 말씀합니다. "형제를 사랑하여 서로 우애하고 존경하기를 서로 먼저 하며." 우리는 모두 한 가족이기 때문에 서로에 대하여 가족과 같은 사랑을 보여야 합니다. 실제로 하나님의 가족 안에서 우리의 사랑은 육신의 가족의 사랑보다 훨씬 더 강합니다. 요한일서 3:17에서는 우리가 그리스도의 몸 안에서 나타내야 하는 사랑은 실제로 우리 안에 거하시는 하나님의 사랑이라고 말씀합니다. 하나님의 사랑은 항상 인간적 사랑을 초월하며, 심지어 육신의 가족의 사랑까지도 초월합니다. 우리가 그리스도 안에 거하며 우리로 하여금 사랑할 수 있게 하시는 주님을 바라볼 때, 주님께서는 우리에게 다른 지체들에게로 나아갈 수 있는 능력을 주십니다. 심지어 한 번도 만난 적이 없는 지체들에게까지도 나아갈 수 있게 하십니다.

한 번도 만난 적이 없는, 고난받는 지체들에게 사랑으로 나아간다는 이런 생각이 너무 이상적으로 들릴지도 모릅니다. 그러나 성경은 순전히 인간적인 눈으로만 보면 이상주의적인 책입니다. 성경의 명령 중에 성령의 능력과 역사가 없이도 수행될 수 있는 것은 아무것도 없습니다. 다음 명령을 생각해 보십시오. "남편들아, 아내 사랑하기를 그리스도께서 교회를 사랑하시고 위하여 자신을 주심같이 하라"(에베소서 5:25). 아내가 아무리 훌륭할지라도 어떤 사람이 자기 아내를 그리스도께서 교회를 사랑하신 것같이 사랑할 수 있겠습니까? 그러나 이것이 우리를 향한 성경의 수준이요 요구입니다. 우리가 몸의 다른 지체들을 가족처럼 사랑하는 것도 성경의 이상입니다.

그리스도의 몸에 속한 지체들은 모든 나라와 민족 가운데 있기 때문에, 박해가 없는 나라에 살고 있는 이들은, 박해가 있는 나라에 살고 있는 형제 자매들과 동일시함으로써 그리스도의 고난의 교제에 참여하게 됩니다. 8장에서 몸 안의 다른 지체들의 물질적 필요를 자신의 필요로 동일시하여, 그 필요를 채워 주기를 힘써야 한다는 것을 보았습니다. 마찬가지로 고난받는 형제들과 동일시함으로써 그들의 고난이 우리의 고난이 되며, 그리하여 그들의 고난을 덜어 주기 위해 우리가 할 수 있는 것을 해야 합니다.

다른 지체들의 고난에 참여할 수 있는 첫 번째 방법은, 그들을 위해 간절히 기도하는 것입니다. 하나님께서 그들의 고난 가운데 개입하시며, 또한 그들에게 특별한 은혜를 주셔서 그 고난을 견뎌 낼 수 있도록 기도해야 합니다. 기도는 마음에서 우러나오는 간절한 것이어야 합니다. 형식적이고 틀에 박힌 기도여서는 안 됩니다. 다시 한번 부모와 자녀의 관계를 생각해 보십시오. 아이가 다치면 그리스도인 부모는 하나님의 도움을 구하기 위해 형식적으로 기도하지 않습니다. 오히려 부모의 기도는 긴급하고 간절합니다. 하나님께서 그 기도를 응답하시는가 아니하시는가가 아무래도 좋은 문제가 아니라 너무도 중요한 문제입니다. 부모는 고통받는 아이와 동일한 심정으로 함께 아파하면서 간절히 하나님의 도우심을 구합니다.

그리스도의 몸 안에서도 마찬가지여야 합니다. 우리가 고난받는 형제 자매들을 가족과 같은 마음으로 동일시하지 못하는 이유는, 우리가 그들과 유기체적 공동체 관계에 있다는 사실을 아직 온전히 깨닫지 못했기 때문입니다. 또 우리가 교제의 이 기본적인 의미를 안다 해도, 이 지식이 우리를 온전히 사로잡아 삶을 변화시키지는 못했기 때문입니다. 그리스도의 몸에 대한 이러한 생각이 너무 이상적이고 도달할 수 없는 것이라고 말할 수도 있습니다. 그러나 로마서 12:15, 고린도전서 12:25-26, 히브리서 10:33-34과 같은 성경 말씀은, 하나님께서는 우리가 고난받는 형제 자매들과 같은 마음으로 동일시하여 그들의 고통을 우리의 고통으로 삼기를 원하신다는 사실을 보여 주고 있습니다.

사도 바울의 삶의 한 예를 통해 그 사실을 올바로 이해할 수 있으며, 또한 그것이 우리의 목표가 되어야 한다는 사실을 깨닫게 됩니다. 골로새서 1:29-2:1에서 바울은 자신의 사역을 묘사하기 위하여 "수고하다", "힘쓰다"라는 말을 사용합니다. 그는 각 사람을 그리스도 안에서 완전한 자로 세우기 위하여 힘을 다하여 수고하였으며, 골로새와 라오디게아의 신자들 - 그는 이들을 개인적으로 만난 적이 없습니다 - 을 위하여 힘쓰고 있다고 하였습니다.

우리는 바울이 각 사람을 그리스도 안에서 완전한 자로 세우기 위하여 힘을 다하여 수고했다는 것을 알고도 그리 놀라지 않습니다. 그는 원래 그리스도를 믿기 전에도 열정적인 성격이었고, 자기 사역에 전적으로 헌신되어 있었기 때문입니다. 그러나 한 번도 만난 적이 없는 사람들을 위하여 어떻게 힘을 다하여 애쓸 수 있을까요? 분명히 그는 기도를 통해 그렇게 했을 것입니다. 자기가 만나는 사람들에게 복음을 전하고 그들을 위해 기도하는 것 못지않게 그는 만난 적이 없는 신자들을 위해서도 동일한 열심으로 기도했습니다. 우리도 역시 만난 적이 없는 신자들을 위하여 열심히 기도하는 것이 가능합니다. 이것이 우리의 목표입니다. 우리는 그 목표를 위하여 수고해야 합니다. 그 이유는 예수님께서 마태복음 5:48에서 "그러므로 하늘에 계신 너희 아버지의 온전하심과 같이 너희도 온전하라"라고 말씀하셨기 때문입니다.

그렇다고 바울과 같은 열심으로 세계의 모든 고난받는 신자들 한 사람 한 사람을 위하여 기도해야 할 책임이 있다는 의미는 아닙니다. 우리는 개인이든 그룹이든 어떤 이들, 예를 들면 선교 제한 국가의 고난받는 신자들을 위하여 기도할 책임이 있다는 것입니다. 고난받는 형제 자매들과 동일시하며, 그들에 대한 하나님의 인도하심에 민감해야 하는 것은 우리의 의무입니다. 우리의 책임이 어디에 있는지를 결정한 후, 그들과의 고난의 교제에 참여해야 합니다.

자주 우리는 기도 그 이상을 해야 할 기회를 보게 됩니다. 때로는 고난받는 형제 자매들의 고통을 덜어 주기 위하여 보고 듣고 느낄 수 있는 어떤 일을 할 수도 있습니다. 예를 들어, 우리 가족은 복음을 위해 갇혀 있는 신자들의 가족에게 재정적인 도움을 주기 위해 한 선교 기관을 통하여 헌금한 적이 있습니다. 고난받는 신자들을 위해 기도할 때 우리는 또한 하나님께 우리가 그들의 필요를 채우기 위해 할 수 있는 일을 보여 주시도록 기도할 수 있습니다.

죄와의 싸움에서 오는 고난

그리스도의 고난의 교제에 참여하는 세 번째 방법은, 우리 자신 안에서 발견되든 주위 사회 속에서 발견되든 모든 죄에 대하여 단호한 태도를 보이는 것입니다. 창세기 6:5-6에서 하나님께서는 인간의 죄 때문에 근심하셨습니다. "여호와께서 사람의 죄악이 세상에 관영함과 그 마음의 생각의 모든 계획이 항상 악할 뿐임을 보시고 땅 위에 사람 지으셨음을 한탄하사 마음에 근심하시고." 우리는 대부분 죄가 우리나 우리의 가족, 친구, 또는 주변 사회에 미치는 영향의 관점에서 죄를 바라봅니다. 죄를 하나님께 영향을 미치는 관점에서는 거의 생각하지 않습니다. 죄는 하나님의 마음을 몹시 아프게 합니다. 죄는 하나님의 말씀에 대한 거부요, 하나님의 권위에 대한 반역이요, 하나님과 인간 사이에 분리를 가져옵니다.

예를 들어, 낙태 문제를 생각해 봅시다. 우리는 이 행위를 사회에 대한 범죄로 보는 경향이 있습니다. 즉 태어나지 않은 수백만의 아이들에 대한 합법화된 살인 행위로 봅니다. 우리의 관심은 일반적으로 이 아기들에게 대한 정의롭지 못한 처사와 그것이 사회에 끼치는 비인간적인 영향에 초점을 둡니다. 그러나 이 범죄로 인해서 가장 근심하시고 애통해하시는 분은 하나님이 아니십니까? 깨뜨려지는 것은 하나님의 법이며, 죽임을 당하는 것은 하나님의 형상대로 창조된 인간들입니다.

밥 피어스는 주님의 마음을 아프게 하는 것이 그의 마음도 아프게 하여 주시기를 기도했습니다. 그는 전쟁의 피해로 고생하거나 기근으로 고생하는 나라들에서 수많은 사람들이 육체적으로 고난을 겪고 있는 것을 보았습니다. 그러면 우리는 무엇을 보고 있습니까? 오늘날 우리 사회에 만연되어 있는 낙태의 죄를 볼 때 우리의 마음 상태는 무엇입니까? 그리스도께서 회개하지 않는 예루살렘을 향하여 슬퍼하시며 우셨다면, 그분은 회개하지 않는 미국에 대해서도 슬퍼하지 않겠습니까? 우리가 그분의 고난의 교제에 온전히 참여하려면, 그분의 관점에서 죄를 보기 시작해야 합니다.

우리는 우리의 죄를 어떻게 보고 있습니까? 너무도 자주 우리는 죄가 우리에게 미치는 영향의 관점에서 죄를 바라보고 있습니다. 우리를 끊임없이 괴롭히는 어떤 죄에 굴복할 때 자신의 형편없는 자제력을 탓합니다. 또한 어떤 유혹을 이기지 못한 자신의 실패에 대하여 한없이 실망합니다. 또는 마땅히 했어야 하는 어떤 일을 하지 못한 것을 부끄럽게 여깁니다. 이 모든 경우에 우리의 반응은 기본적으로 내향적이고 자기중심적입니다. 그러나 우리의 죄를 하나님의 관점에서 보기 시작할 때, 하나님께서 그 죄에 대하여 근심하시고 슬퍼하시는 것처럼, 우리도 그 죄를 슬퍼하기 시작할 것입니다. 그리고 나아가 하나님의 근심에 참여할 때 우리도 역시 작게나마 그분의 고난의 교제에 참여할 것입니다.

11

섬김의 교제

형제들아, 너희가 자유를 위하여 부르심을 입었으나
그러나 그 자유로 육체의 기회를 삼지 말고
오직 사랑으로 서로 종노릇하라.
갈라디아서 5:13

네비게이토 선교회의 창시자인 도슨 트로트맨이 타이완을 방문했을 때 있었던 일입니다. 그는 말씀을 전하기 위하여 타이완 목사 한 분과 산골에 있는 여러 마을을 여행했습니다. 길이 진흙탕으로 질퍽해서 바지며 구두며 모두 젖었고 흙투성이였습니다. 그러고 나서 세월이 흐른 뒤 어떤 사람이 그 목사에게 도슨 트로트맨에 대하여 가장 기억에 남는 게 있다면 무엇인지 물었습니다. 그 목사는 조금도 머뭇거리지 않고 즉시 이렇게 대답했습니다. "제 구두를 닦아 준 거요."

도슨과 그 목사는 그날 오후 돌아와서는 그곳 풍습대로 문 입구에 구두를 벗어 놓았습니다. 목사는 차를 준비하려고 주방으로 들어갔습니다. 잠시 후 돌아와 보니 도슨이 마루에 앉아 작은 막대기와 천 조각과 물을 준비하여 그의 구두를 닦고 있는 것이었습니다! 그 모습을 보고 얼마나 놀랐는지 모릅니다. 이러한 섬김의 정신이 그리스도인으로서 도슨의 평생 삶의 특징이었습니다. 그는 생의 마지막 순간에도 자신이 평소에 살았던 대로, 물에 빠져 죽어 가는 사람을 구하려고 자기 생명을 바쳤습니다.

섬김은 성경적 교제의 실천에 있어서 기본입니다. 교제에는 우리가 가진 것을 다른 사람과 나누는 삶이 포함됩니다. 그리스도의 몸 안에서 서로를 섬기는 데 있어서 우리가 나눌 수 있는 가장 귀중한 것 중의 하나가 바로 우리 자신입니다. 우리의 시간, 우리의 재능, 우리의 에너지 등등. 도슨 트로트맨은 영적 교제에서 대가였으나, 또한 다른 사람들을 섬기기 위하여 자신을 나누는 삶에서도 본 된 삶을 살았습니다.

섬김의 가장 위대한 모본은 물론 우리 주 예수 그리스도이십니다. 예수님께서는 우리를 섬기기 위해 종의 형체를 가지셨습니다(빌립보서 2:7). 예수님께서는 자신에 대하여 이렇게 말씀하셨습니다. "인자가 온 것은 섬김을 받으려 함이 아니라 도리어 섬기려 하고 자기 목숨을 많은 사람의 대속물로 주려 함이니라"(마태복음 20:28).

예수님의 삶 전체가 섬김의 삶이었지만, 그중에 가장 뛰어난 예를 하나 든다면 요한복음 13:1-17에 기록된 내용입니다. 예수님께서는 사랑하는 제자에게 배반당하시던 날 밤에 제자들의 발을 씻기셨습니다. 이 일은 당시의 상황뿐 아니라 그 성격상으로도 놀라운 것이었습니다.

예수님께서는 그날 밤 자신이 배반당하고 그다음 날 아침에 세상 죄를 위하여 십자가에서 고난당할 것을 알고 계셨습니다. 만일 우리 같으면, 임박한 고난에 마음이 온통 사로잡혀 제자들의 발을 씻긴다는 것은 생각지도 못했을 것입니다. 그러나 예수님께서는 대개 집안에서 가장 천한 종이 하던 일인, 손님들의 발을 씻기는 일을 하셨습니다. 사도 요한은 예수님에 대하여 이렇게 기록하였습니다. "저녁 먹는 중 예수는 아버지께서 모든 것을 자기 손에 맡기신 것과 또 자기가 하나님께로부터 오셨다가 하나님께로 돌아가실 것을 아시고, 저녁 잡수시던 자리에서 일어나 겉옷을 벗고 수건을 가져다가 허리에 두르시고, 이에 대야에 물을 담아 제자들의 발을 씻기시고 그 두르신 수건으로 씻기기를 시작하여"(요한복음 13:3-5). 예수님께서는 자신의 신분을 잘 알고 계셨습니다.

예수님의 위대하심에도 불구하고가 아니라 그 위대하심 때문에 예수님께서는 그날 저녁에 제자들을 섬기신 것입니다. 섬김에 대한 자신의 태도를 통하여 예수님께서는 우리에게 하나님 나라에서 진정한 위대함은 지위나 권세에 있는 것이 아니라, 서로를 섬기는 데 있다는 사실을 가르쳐 주셨습니다. 우리가 참된 성경적 교제의 원리를 온전히 알고자 한다면, '천국에서의 참된 위대함은 서로를 섬기는 데 있다'는 사실을 알아야 합니다. 예수님께서는 이렇게 말씀하셨습니다. "너희 중에는 그렇지 아니하니 너희 중에 누구든지 크고자 하는 자는 너희를 섬기는 자가 되고, 너희 중에 누구든지 으뜸이 되고자 하는 자는 너희 종이 되어야 하리라"(마태복음 20:26-27).

예수님께서는 아버지 하나님께서 모든 것을 그의 권세 아래 두셨다는 것을 알고 계셨습니다. 예수님 자신 또한 절대주권을 가지신 하나님이시며, 창조주시요 만물을 붙드시는 분이시라는 것을 알고 계셨습니다. 그분이 우리와 같은 사람이 되어 낮아지셨다고 해서 그분이 영원하신 성자 하나님이시라는 사실이 변하는 것은 결코 아닙니다. 예수님께서는 자기의 신분과 권세를 온전히 아심에도 식탁에서 일어나 제자들의 발을 씻기기 시작하셨습니다. 예수님께서는 이러한 섬김이 자신의 권위나 위대성과 맞지 않는 것이 아니라 오히려 그 권위나 위대성에 없어서는 안 되는 중요한 요소라고 생각하셨습니다.

위대성에 대한 예수님의 개념은 세상의 개념과는 너무도 대조적이어서, 제자들까지도 서로를 섬기는 특권을 얻기보다는 높은 지위와 서열을 얻기 위해 서로 다투었습니다. 야고보와 요한의 어머니가 예수님께, 주님의 나라에서 자기 두 아들을 주님의 오른편과 왼편에 앉혀 달라고 부탁하였습니다(마태복음 20:20-21). 또 주님과의 마지막 저녁 식사라는 영원히 잊지 못할 중요한 때에도 제자들은 누가 가장 큰지 서로 다투고 있었습니다(누가복음 22:24). 그들의 행동이 오늘날 우리 눈에 도저히 이해가 되지 않고, 주제넘은 행동으로 보일지 모르나, 본질적으로 우리도 그들과 별로 다를 바가 없습니다. 우리의 행동은 그들보다 좀 더 교묘하고 세련되었을지는 모르나, 너무도 자주 우리도 서로를 섬기는 특권을 얻기 위하여 애쓰기보다는 지위와 인정을 얻기 위해 안간힘을 쓰고 있습니다.

앞에서 살펴보았듯이, 신자들의 교제에는 경쟁심이란 있을 자리가 없습니다. 오히려 서로를 존경하고 남을 자신보다 낮게 여겨야 합니다. 그리스도의 몸 안에서 서로를 섬기는 것은 서로를 위해 도움이 되는 행동을 하는 것을 의미합니다. 예수님께서는 제자들의 발을 씻기셨습니다. 도슨 트로트맨은 동행했던 목사의 구두를 깨끗이 닦았습니다. 바울은 로마로 압송되어 가던 중 난파하여 한 섬에 상륙하게 되었을 때, 같이 배에 탔던 사람들을 위해 불을 피우려고 나뭇가지를 주워 모았습니다. 이러한 행동은 지극히 간단하고 평범하여 일상생활에서 흔히 볼 수 있는 일입니다. 그러나 이런 것이야말로 신자들의 교제에서 섬김이 무엇인지를 잘 보여 줍니다. 섬김이란 어떤 큰일만 하는 것이 아니라, 지극히 작은 필요에 민감하게 깨어 그 필요를 행동으로 채워 주는 것입니다.

섬기는 자의 특성

섬김에는 특별한 재능이나 영적 은사가 없어도 된다는 점이 특징입니다. 물론 7장에서 살펴보았듯이, 서로를 섬기기 위해 자신의 은사를 사용해야 합니다. 그리고 하나님께서 우리에게 어떤 자연적 능력을 주셨다면 몸 안에서 다른 사람들을 섬기는 일에 그 재능을 사용하는 선한 청지기가 되어야 합니다. 그러나 발을 씻기고 구두를 닦고 나뭇가지를 모으는 일은 아무런 영적 은사도 재능도 요구하지 않습니다. 필요한 것은 오직 종의 태도일 뿐입니다.

한 유명한 성경 교사가 워싱턴 D. C.의 어느 교회 장년부에서 말씀을 전했습니다. 모임이 끝나고 다들 갔는데 한 남자분이 남아서 의자를 정리하는 것이었습니다. 알고 보니 그 사람은 상원의원이었습니다. 의자를 정리하는 데에는 상원의원의 지위나 능력이 필요하지 않습니다. 다만 종의 태도가 필요할 뿐입니다.

일반 사회에서나 그리스도의 몸 안에서나 너무도 중요한 인물이어서 일상적인 일 가운데서 다른 사람들을 섬길 수 없는 그런 지위에 있는 사람은 아무도 없습니다. 사실 하나님 나라의 종의 주된 특성 중의 하나가 아래쪽을 향하는 '하향성'입니다. 이른바 높은 지위나 신분에 있는 사람이 자기보다 낮은 사람들을 섬기는 것입니다. 우리보다 위에 있는 사람들을 섬기는 것은 상대적으로 쉽다고 할 수 있습니다. 세상에서도 이것을 기대합니다. 그러나 예수님께서는 아랫사람들을 섬기셨습니다. 그분이 하나님이시라는 사실을 그만두고라도 순전히 인간적인 수준에서 생각할 때도, 그분은 열두 제자의 지도자요 스승이셨습니다. 제자 중 하나에게 다른 제자들의 발을 씻겨 주라고 지시하실 수도 있었습니다. 그러나 자신이 직접 그 일을 하기로 선택하셨습니다.

예수님께서는 세상에서는 낮은 자가 높은 자를 섬긴다는 것을 알고 계셨습니다. 한번은 이렇게 말씀하셨습니다. "앉아서 먹는 자가 크냐 섬기는 자가 크냐? 앉아 먹는 자가 아니냐? 그러나 나는 섬기는 자로 너희 중에 있노라"(누가복음 22:27). 세상에서는 낮은 자가 높은 자를 섬기는 것이 당연한 것일 수 있어도, 그리스도의 몸 안에서는 달라져야 합니다. 다시 예수님께서는 말씀하셨습니다. "내가 너희에게 행한 것같이 너희도 행하게 하려 하여 본을 보였노라"(요한복음 13:15).

솔로몬의 아들 르호보암은 아랫사람들을 섬기는 교훈을 배우지 못했습니다. 그가 왕위에 오르자 백성 중 일부가 나아와 무거운 세금과 강제 노역의 멍에를 덜어 달라고 요청했습니다. 그는 아버지의 조언자였던 장로들과 상의했습니다. 그들은 이런 조언을 했습니다. "왕이 만일 오늘날 이 백성의 종이 되어 저희를 섬기고 좋은 말로 대답하여 이르시면 저희가 영영히 왕의 종이 되리이다"(열왕기상 12:7). 그러나 그는 그 말에 귀를 기울이지 않았습니다. 아랫사람들을 섬기기를 선택하지 않았습니다. 그 결과 자기 왕국에서 12지파 중 10지파를 잃어버렸고, 다시는 돌이킬 수 없는, 나라의 분열을 가져왔습니다.

최근 라디오에서 한 자동차 판매상의 인터뷰 내용을 들은 적이 있습니다. 그 분야에서 큰 성공을 거둔 사람이었습니다. 사업을 경영하면서 제일 우선순위가 무엇이냐는 물음에 "직원들을 섬기는 것입니다"라고 대답했습니다. 그 대답을 듣고 얼마나 놀랐는지 모릅니다. 고객들을 섬기는 것이라고 대답했다면 그렇게 놀라지 않았을 것입니다. 장사를 하는 사람이라면 거의 모두 그렇게 말할 것이기 때문입니다. 고객을 섬기는 것이 이윤을 극대화하는 길이며, 게다가 그 말은 아주 고상하게 들리고, 또한 그 사람이 그리스도인이라면 경건하게도 들립니다. 그러나 그 판매상은 직원들을 섬기기 위하여 사업을 경영한다고 한 것입니다. 경영의 첫째 우선순위가 직원들이 일을 하고 그 보수로서 생계를 꾸려 갈 돈을 벌 수 있는 적절한 장소를 제공하는 것이라고 믿고 있었습니다. 자기보다 아래에 있는 사람들을 섬기는 삶을 살고 있는 것입니다.

성경에서 '섬김'이라는 주제를 공부하면서, 섬기는 자가 섬김을 받는 자보다 높은 위치에 있는 경우가 많은 것을 보고 깜짝 놀랐습니다. 바울은 이렇게 말했습니다. "너희 아는 바에 이 손으로 나와 내 동행들의 쓰는 것을 당하여 범사에 너희에게 모본을 보였노니…"(사도행전 20:34-35). 세상의 방식대로라면 바울은 지도자였으므로 섬김을 받아야 하는 위치에 있었습니다. 그러나 그는 섬기는 자가 되어, 일행의 필요를 공급했습니다.

다른 사람들을 섬기는 데에는 무슨 특별한 재능이나 능력이 필요하지 않습니다. 꼭 필요한 게 있다면 다른 사람들을 섬기기 원하는 종의 태도와 그들의 필요가 무엇인지를 주의 깊게 관찰하는 눈과 마음입니다. 종의 태도를 가지고 있다면 주의 깊게 관찰하는 눈을 발전시킬 수 있습니다. 우리 대부분이 섬길 기회를 보지 못하는 이유는 다른 사람들보다는 늘상 자기 자신에 대하여 생각하고 있기 때문입니다. 자신의 일뿐 아니라 다른 사람들의 관심사도 돌아보는 삶을 배우지 못했기 때문입니다.

물론 하나님께서 우리에게 종의 태도를 주셔야만 가능합니다. 우리는 자신의 마음을 변화시킬 수 없기 때문입니다. 그러나 성경공부, 기도, 순종을 통해 하나님께서 우리 마음을 변화시키시도록 할 수는 있습니다. 우리 마음을 섬김의 도를 가르치는 말씀으로 가득 채워야 합니다. 그중 많은 말씀이 이 장에 인용되어 있습니다. 또한 우리에게 종의 마음을 주시도록 하나님께 간절히 기도해야 합니다. 그다음 하나님께서 우리에게 섬길 기회를 보여 주실 때마다 순종으로 응답해야 합니다. 하나님께서 종의 마음을 우리에게 주시기를 진정으로 원한다면, 섬김의 기회가 왔을 때 우리는 마음대로 선택할 수가 없습니다. 하나님께서는 우리가 꾸준히 순종을 할 때만 우리를 변화시켜 주십니다.

그러나 위에 있는 사람이 아래에 있는 사람을 섬기는 것 못지않게 아래에 있는 사람이 위에 있는 사람을 섬기는 것도 중요합니다. 그리스도의 몸 안에서도 우리는 대부분 누군가의 권위나 감독 아래 있게 마련입니다. 교회학교 교사는 교회학교 책임자에게, 어떤 부서의 멤버는 그 부서의 책임자에게, 선교사는 현지 선교 책임자에게 각자 자기의 일을 보고할 책임이 있습니다. 어떤 경우이든 공통된 것은, 우리는 위에 있는 사람의 지시나 명령을 수행하고 있다는 점입니다.

그리스도의 몸 안에서 하나님께서 우리 위에 두신 사람들을 섬길 때 가장 중요한 태도는 충성됨입니다. 내 위에 있는 사람은 내가 맡은 일을 충성스럽게 수행하리라고 믿을 수 있습니까? 아니면 믿을 수 없습니까? 책임 있는 위치에 있는 사람들에게 있어서, 어떤 사람에게 일을 맡겼는데 그를 신뢰할 수 없다는 사실보다 더 괴로움을 주는 것은 없습니다. 잠언 25:19에서는 다음과 같이 말씀합니다. "환난 날에 진실치 못한 자를 의뢰하는 의뢰는 부러진 이와 위골된 발 같으니라." 여러 기독교 기관이나 지역 교회에서 관찰한 바는, 자기에게 맡겨진 과제나 자신이 하겠다고 약속한 일에 대하여 충성되지 않은 이들이 있다는 것입니다. 흔히 자원하여 섬기고 있다면 충성됨은 중요하지 않다고 생각하는 경향이 있습니다. 그러나 하나님께서는 우리가 충성스럽기를 원하십니다.

고린도전서 4:2에서는 이렇게 말씀합니다. "그리고 맡은 자들에게 구할 것은 충성이니라." 그리고 예수님께서는 이렇게 말씀하셨습니다. "너희가 만일 남의 것에 충성치 아니하면 누가 너희의 것을 너희에게 주겠느냐?"(누가복음 16:12). 섬겨야 할 책임이 하나님에 의해 주어졌든, 우리 위에 있는 어떤 사람을 통해 주어졌든, 누구에 의해 주어졌느냐 하는 것은 중요한 게 아닙니다. 어느 경우이든 하나님께서는 우리가 맡은 책임을 수행하는 일에 충성하기를 원하십니다.

종에게 닥치는 도전

그리스도의 몸 안에서 다른 사람들을 섬기는 종이 되는 것은 쉬운 일이 아닙니다. 위에 있는 사람을 섬기든 아래에 있는 사람을 섬기든, 또는 이웃을 섬기든 친구를 섬기든, 섬기는 것이 쉽지는 않습니다. 누군가가 말했듯이, 우리가 진짜 종인지를 알 수 있는 테스트 방법이 하나 있는데, 그것은 실제로 종처럼 취급을 받을 때 어떤 반응을 보이느냐 하는 것입니다. 종처럼 취급을 당해도 전혀 거리낌이 없다면 그 사람은 진정한 종입니다.

누가복음 17:7-10에서 예수님께서는 종에게 닥치는 도전을 말씀하고 계십니다.

> 너희 중에 뉘게 밭을 갈거나 양을 치거나 하는 종이 있어 밭에서 돌아오면 저더러 "곧 와 앉아서 먹으라" 할 자가 있느냐? 도리어 저더러 "내 먹을 것을 예비하고 띠를 띠고 나의 먹고 마시는 동안에 수종들고 너는 그 후에 먹고 마시라" 하지 않겠느냐? 명한 대로 하였다고 종에게 사례하겠느냐? 이와 같이 너희도 명령받은 것을 다 행한 후에 이르기를 "우리는 무익한 종이라. 우리의 하여야 할 일을 한 것뿐이라" 할지니라.

종에 대한 이러한 태도가 어찌 보면 무정한 것처럼 보입니다. 아마도 오늘날 사람들에게는 잔인한 것처럼 보일 수도 있습니다. 하지만 이는 예수님 당시의 종에 대한 전형적인 태도입니다. 고의적은 아닐지라도 불행하게도 이러한 태도가 오늘날 그리스도의 몸 안에 남아 있습니다. 종에게 이러한 태도를 취하는 것은 잘못일지라도, 종이 되려는 사람은 이러한 취급을 받을 것을 미리 각오해야 합니다. 그는 항상 예수님의 말씀과 같이 "우리는 무익한 종입니다. 우리의 하여야 할 일을 한 것뿐입니다"라는 마음을 가지고 있어야 합니다.

종은 전혀 배려를 받지 못할 수도 있습니다. 앞의 7-8절에서 보듯이, 주인은 종을 전혀 배려하지 않았습니다. 종은 하루 종일 일했기 때문에 분명 피곤하고 배도 고플 것입니다. 그러나 종은 먹고 쉬기 전에 먼저 주인의 식사를 준비하고 시중들어야 합니다. 그리스도의 몸 안에서도 섬기는 사람들에 대한 배려가 없는 경우가 너무도 많습니다. 많은 그리스도인들이 자기중심적입니다. 교회에서 모임이 끝난 후에 스스로 청소를 하기보다 다른 사람들에게 미루거나 명령만 하고 일을 시킵니다.

가정에서는 어머니가 바로 이러한 배려를 받지 못하는 사람의 대표적인 예입니다. 그리스도인 가정에서도 예외는 아닙니다. 아이는 3일 전에 자기 방에 벗어 처박아 놓은 체육복을 오늘 아침 등교 직전에 가서야 챙기면서 자기 체육복을 빨아 놓았느냐고 어머니에게 묻습니다. 아버지는 저녁 식사에 늦으면서도 전화도 해 주지 않습니다. 장난감, 게임 도구, 옷가지들이 어머니의 손을 기다리면서 집안 여기저기에 어지러이 흩어져 있습니다. 정리는 식구들의 안중에도 없습니다. 늘 어머니 몫입니다. 어머니는 종입니다. 식구들은 어머니를 배려하지 않을 때가 너무도 많습니다.

우리는 다른 사람들이 우리를 배려하지 않는 행동을 할 때 분히 여기는 경향이 있습니다. 그러나 우리가 참된 종이 되기를 원한다면 그들의 행동에 대해 참는 것을 배워야 합니다. 우리가 다른 사람들을 향해서는 사려 깊게 배려하는 사람이 되어야 하지만, 다른 사람들을 섬기려 할 때 그들이 우리에 대하여 사려 깊은 배려가 없다고 생각될 때에도 그들을 용납하기를 배워야 합니다.

예수님의 비유에서, 주인은 종을 배려하지 않았을 뿐만 아니라, 또한 종에게 감사를 표현하지도 않았습니다. "명한 대로 하였다고 종에게 사례하겠느냐?" 가정에서 어머니를 생각해 봅시다. 체육복은 언제든지 입을 수 있도록 제때에 세탁이 되어 있어야 하고, 늦게 들어오는 아버지를 기다리며 저녁 식사를 계속 따뜻하게 유지해야 합니다. 어질러진 집 안을 치우고 모든 것을 제자리에 놓습니다. 그렇다고 어머니는 감사하다는 말을 듣습니까? 대부분 그렇지 못합니다. 그것은 어머니가 마땅히 해야 할 일로 가족들은 생각합니다.

교회학교 교사들에게 말씀을 잘 가르쳐 주어 감사하다는 표현을 하는 사람이 과연 몇이나 될까요? 수양회나 세미나, 기타 여러 모임을 위해 뒤에서 잡다한 일을 처리하며 뒤치다꺼리하는 사람들을 생각해 보십시오. 그들의 수고를 알아주는 사람은 거의 없습니다. 그렇습니다. 종이 되고자 한다면, 몸 안의 다른 지체들이 전혀 고마움을 표하지 않더라도, 또한 우리의 섬김을 당연한 것으로 여길 때에도, 섭섭하게 생각지 않고 받아들일 준비가 되어 있어야 합니다.

그러나 예수님께서는 우리가 다른 사람이 배려해 주지 않는 것과 감사치 않는 것을 용납하는 수준에만 머물기를 원치 않으십니다. 또한 다른 사람들을 섬겼으나 배려와 감사의 표현이 없을 때, 자신의 섬김에 대하여 스스로 칭찬해서도 안 됩니다. 겸

손히 이렇게 생각해야 합니다. '나는 무익한 종이다. 나의 하여야 할 일을 한 것뿐이다.'

진정 종이 되기를 원한다면 이러한 태도를 가지고 있어야 합니다. 종의 태도에 필요한 것 중에서 이것이 가장 어렵습니다. 하나님께서는 우리를 종으로 부르셨습니다. 그러기에 다른 사람들의 배려와 감사를 받지 못하는 것을 삶에서 당연시하며 받아들여야 합니다. 뿐만 아니라, "저는 제가 해야 할 일을 했을 뿐입니다. 하나님께서 저에게 하라고 하신 일을 했을 뿐입니다"라고 말해야 합니다.

그리스도의 몸 안에서 우리는 모두 때로는 섬김을 받는 입장에 있기도 하고 때로는 섬기는 입장에 있기도 합니다. 섬김을 받고 있을 때에는 섬기는 사람들에게 배려와 감사를 표현하기를 적극 힘써야 합니다. 또한 섬기고 있을 때에는 자신의 역할을 받아들이고 주님께 하듯 섬겨야 합니다. 배려와 감사가 보이든 안 보이든 말입니다.

섬김에 대한 보상

성경 구절 가운데 매우 흥미 있는 말씀 중에 하나가 누가복음 12:37입니다. 예수님께서는 이렇게 말씀하십니다. "주인이 와서 깨어 있는 것을 보면 그 종들은 복이 있으리로다. 내가 진실로 너희에게 이르노니 주인이 띠를 띠고 그 종들을 자리에 앉히고 나아와 수종하리라."

　주님께서 다시 오실 때 주님께서는 충성된 종들을 "수종"하실 것입니다. 종으로서의 예수님의 태도는 고난받는 종으로서 이 땅에 계실 때만 아니라 재림 시에도 여전합니다. 한없이 위대하신 주님께서 우리같이 낮은 자들을 섬기실 것입니다. 섬김은 하나님의 영원한 성품입니다. 그러므로 섬김의 삶은 우리에게 주님을 닮는 축복을 가져다줍니다.

12

사교적 교제

볼지어다. 내가 문밖에 서서 두드리노니
누구든지 내 음성을 듣고 문을 열면 내가 그에게로 들어가
그로 더불어 먹고 그는 나로 더불어 먹으리라.
요한계시록 3:20

장로님 한 분이 어느 날 저녁 이런 말을 했습니다. "우리는 한 교회 교인으로서 함께 모여 재미있는 이야기를 주고받는 것도 필요합니다." 옳은 말이었습니다. 마음으로 그 말에 동의했습니다. 그 교회는 어려운 일을 겪었습니다. 이러한 어려운 시기에는 그리스도인의 삶을 어둡고 무거운 것으로 보기가 쉽습니다. 그래서 단순히 함께 모여 농담도 하고 이야기를 주고받는 친목의 시간을 갖는 기회가 필요합니다.

이 책을 쓰면서 신약성경의 교제는 단순히 그리스도인의 친목 활동 훨씬 그 이상이라는 말을 여러 번 했습니다. 따라서 어떤 사람은 내가 이러한 친목 활동을 반대하고 있으며, 그리스도인으로서 우스갯소리를 하거나 사교적 활동을 하는 것을 좀 덜 영적이라고 믿고 있다는 인상을 받을 수가 있습니다. 그러나 이

는 사실이 아닙니다. 교제에는 당연히 사교적 활동이 포함됩니다. 그러나 이 책의 주요 핵심은, 교제란 사교적 활동 그 이상의 훨씬 많은 것을 포함하고 있다는 사실입니다.

신약성경이 기록되던 시기에는 교제라는 말이 사람들 사이에서 일어나는 일상적인 사회적 상호 작용을 묘사하기 위해 사용되곤 했는데, 신약성경의 저자들은 거기에 중요한 영적 의미를 부여했습니다. 이 책의 목표는 그러한 영적 의미의 여러 가지 면을 살펴봄으로써, 초대 교회에서 실행되었던 것과 같이 부요하고 온전한 교제를 실천하도록 도우려는 것입니다. 때로 참된 진리를 다루기 전에, 먼저 몇 가지 잘못된 개념을 다룰 필요가 있을 때가 있습니다. 이러한 맥락에서 교제란 사교적 활동 그 이상이라는 사실을 언급한 것입니다.

하나님께서는 사람을 사회적 존재로 창조하셨습니다. 우리는 하나의 사회를 이루고, 가족과 친구들과의 관계를 즐기도록 창조되었습니다. 사회를 떠나 혼자 사는 사람은 예외입니다. 직장에서건 교회에서건, 고독한 사람을 가엾게 여깁니다. 하나님께서는 인생을 즐기며 레크리에이션을 하며 재미있게 웃고 떠들도록 우리를 만드셨습니다. "공부만 시키고 놀리지 않는 아이는 바보가 된다"라는 속담을 잘 알고 있습니다. 우리에게는 휴식과 유머, 그리스도인의 교제의 순전히 사교적인 면이 필요합니다.

문제는, 그리스도인의 교제가 자주 사교적인 차원을 넘어서지 못하고 있다는 점입니다. 그렇기 때문에 서로 돌보는 공동체로서, 복음의 동역자로서, 그리고 서로를 영적으로 세워 주며 물질적으로 서로 나누는 신자들의 몸으로서의 교제에 대하여 균형 있게 강조할 필요가 있습니다.

오순절에 형성된 교회는 교제에 대해 균형 잡힌 모습을 보여 줍니다. 신자들은 사도들의 가르침, 기도, 교제에만 자신을 드린 것이 아니라, 떡을 떼는 일에도 자신을 드렸습니다(사도행전 2:42). 떡을 떼는 것에 주님께서 말씀하신 성찬이 포함되었는지 안 되었는지는 분명하지 않지만, 거기에 함께 음식을 먹는 것이 포함되었다는 사실은 분명합니다. 사도행전 2:46-47에 이렇게 기록되어 있습니다. "날마다 마음을 같이하여 성전에 모이기를 힘쓰고 집에서 떡을 떼며 기쁨과 순전한 마음으로 음식을 먹고 하나님을 찬미하며 또 온 백성에게 칭송을 받으니 주께서 구원 받는 사람을 날마다 더하게 하시니라." 초대 교회의 그리스도인들은 사교적 활동을 즐겼으나, 그들은 교제라는 훨씬 더 큰 맥락에서 그렇게 했습니다.

그 모본을 예수님에게서 찾을 수 있습니다. 예수님께서는 사교적 활동에 많이 참여하셨습니다. 복음서에 보면 예수님께서 어떤 사람의 집에서 식사를 함께 하셨다든지, 잔치나 결혼식에 참석하셨다든지 하는 경우가 많이 기록되어 있습니다. 첫 번째 기적을 행하신 것도 가나의 혼인 잔치에서였습니다. 이른바 탕자의 비유는 예수님의 비유 중에 매우 감동적인 것이라 할 수 있는데, 아버지가 기뻐서 이렇게 외치는 것으로 그 절정에 달합니다. "그리고 살진 송아지를 끌어다가 잡으라. 우리가 먹고 즐기자"(누가복음 15:23). "자, 잔치를 벌여 축하하자!"라고 말한 것입니다. 예수님께서는 자신에 대하여 이렇게 말씀하신 적이 있습니다. "인자는 와서 먹고 마시매 너희 말이 '보라. 먹기를 탐하고 포도주를 즐기는 사람이요 세리와 죄인의 친구로다' 하니"(누가복음 7:34). 사람들의 이러한 비난이 옳은 것은 아니지만, 여기서 예수님께서는 사교적 활동을 아주 즐기시는 분으로 이름나 있었다는 점을 알 수 있습니다. 이와 같이 예수님께서는 사람들과 함께 사교적 활동을 즐기심으로써 그리스도인들의 사교적 활동에 승인 도장을 찍으셨습니다. 그러나 또한 그 사교적 활동이 어떠해야 하는지를 나타내 보여 주셨습니다.

그리스도인의 삶의 다른 모든 활동과 같이, 사교적 활동 역시 하나님의 영광을 드러내는 것이 궁극적 목표가 되어야 합니다. "그런즉 너희가 먹든지 마시든지 무엇을 하든지 다 하나님의 영광을 위하여 하라"(고린도전서 10:31). 이러한 목표를 기억하고 있으면, 사교적 활동을 성경적 교제에 기여하는 방향으로 계획하는 데 도움이 될 것입니다.

사교적 활동을 할 때에 그곳에 참여하고 있는 사람들의 생각을 영적 가치관으로 바꾸어 간다면 매우 바람직하고 유익합니다. 이 영적 차원이 무슨 형태를 취하든, 비공식적인 간증과 나눔이든 미리 계획된 '경건한 활동'이든, 그 활동의 사교적 측면과 영적 측면 간에는 자연스럽고도 의미 있는 상관관계가 있어야 합니다. 예를 들어, 크리스마스 파티를 열었다면, 사교적인 활동인 이 파티는 그리스도의 오심과 연관하여 영적인 주제를 가질 수 있습니다. 이를 통해 참석자들의 마음과 생각이 아들을 보내 주신 하나님께 경배하고 감사하도록 이끌 수 있습니다. 또한 교회학교에서 야외로 소풍을 간다면 이런 기회를 이용해서 좋은 자연을 주셔서 하루를 즐기며 쉴 수 있게 하여 주신 하나님께 감사하는 시간을 가질 수 있습니다.

예수님께서는 항상 사교적 활동을 이용하여 전도도 하고 병을 고치기도 하고 그리스도인의 삶의 원리도 가르쳐 주셨습니다. 이런 일을 하실 때 결코 인위적이거나 어색하지 않게 하셨습니다. 아주 자연스럽게 사교적 활동과 영적 활동을 조화시키셨습니다. 모든 것이 억지가 아니라 자연스러웠습니다.

그러나 우리에게는 사전에 아무 계획을 세우지 않고도 사교적 활동 속에서 영적인 일을 자연스럽게 할 수 있는 능력이 부족할 수도 있기에, 때로는 의도적으로 사교적 활동 속에 영적 차원을 가미하도록 힘써야 합니다. 단 이것이 인위적이 되지 않도록 조심해야 합니다. 사교적 차원과 영적 차원을 자연스럽게 조화시킬 줄 아는 지혜와 능력을 길러야 할 필요가 있습니다. 그럴 때 그 활동은 큰 효과와 능력을 발휘하는 교제가 될 것입니다.

그러면 그리스도인의 사교적 활동에는 항상 영적인 차원이 포함되어 있어야 합니까? 그렇지는 않습니다. 그 활동이 무엇이며, 그 활동의 직접적인 목표가 무엇이냐에 달려 있습니다. 모든 활동 속에서 하나님을 영화롭게 해야 하지만, 하나님을 영화롭게 하는 것은 그 활동과 직접적인 관련이 없을 수도 있습니다. 예를 들어, 매주 토요일 오후에 몇몇 그리스도인들이 캠퍼스에서 농구를 한다 합시다. 그들은 그 운동에 믿지 않는 친구들도

데려와 함께 합니다. 이 활동의 목표는 무엇일까요? 아마도 전도할 사람들의 마음을 얻는 것일 것입니다. 운동을 통해 불신자들에게 부담감을 주지 않으면서도 자연스런 관계를 맺게 됩니다. 목표가 불신자들과의 친분 관계를 발전시키는 것이기 때문에, 거기에 이른바 영적인 활동이 반드시 있어야 가장 지혜로운 것은 아닐 것입니다.

그러면 일주일 또는 한 달에 한 번씩 성도들이 모여 다과를 들며 대화를 나누는 시간을 갖는 것에 대해서는 어떻습니까? 이 모임은 스포츠, 요리, 날씨 등에 대해 쓸데없는 잡담을 하기 위해 모인 것은 아닙니다. 이 시간은 안면 있는 사이를 더욱 깊은 친분 관계로 발전시키는 시간이며, 5장에서 말한 영적 교제를 위한 도입의 역할을 할 것입니다. 한번은 이른바 '다과 교제' 때에 한 분에게 이런 질문을 했습니다. "주님께서는 최근 당신에게 무엇을 가르쳐 주고 계십니까?" 그랬더니 그 사람은 깜짝 놀라는 표정을 지으며 "지금까지 그런 질문을 한 사람은 아무도 없었습니다" 하고 입을 열었습니다. 그는 누군가가 자기의 영적인 삶에 관심을 가지고 있는 것에 감동을 받았습니다. 그렇게 해서 우리의 교제는 사교적 차원을 넘어서 영적 차원으로 진전될 수 있었습니다.

교회마다 이러한 다과 교제 시간을, 처음 교회에 나왔다든지, 또는 교회에는 나오지만 만날 때 인사하는 정도밖에는 잘 모르는 사람들과 서로 잘 알고 관계를 발전시키는 기회로 활용해 오고 있습니다. 그들은 자연스럽게 마음을 열었습니다. 다과 교제는 간단하면서도 효과적으로 새로운 사람들에게 기존 교인들의 사랑의 마음을 표현할 수 있는 좋은 기회가 됩니다.

교제의 사교적 차원은 영적 차원으로 들어가는 입구 역할을 합니다. 교제의 다양한 수준을 다음과 같은 동심원으로 표현해 볼 수 있습니다.

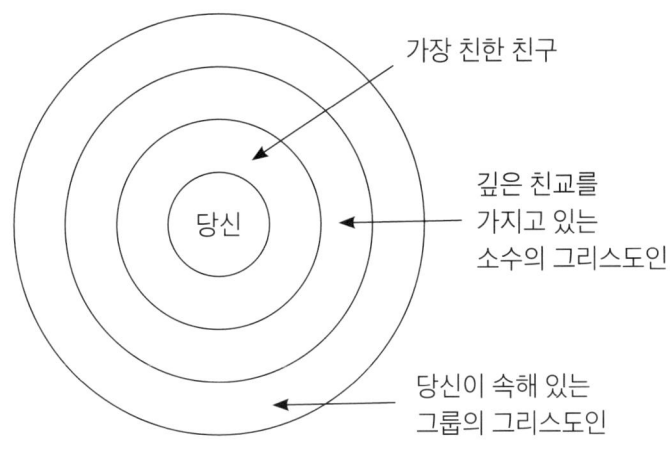

원의 중앙에는 참된 당신 즉 있는 그대로의 당신이 있습니다. 두 번째 원은 당신과 개인적으로나 영적으로나 아주 친밀하여 당신의 모든 것을 나눌 수 있는 '가장 친한 친구'를 나타냅니다. 그다음 원은 5장에서 언급했듯이, 퍽 깊은 친교 또는 영적 교제를 가지고 있는 소수의 그리스도인들을 나타냅니다. 그다음 맨 바깥의 원은 당신이 속해 있는 그룹의 그리스도인들을 나타냅니다. 이 관계는 사교적 활동과 영적 활동이 혼합되어 있습니다. 이 장의 주제는 바로 이 마지막 원에 있습니다.

여기서 배우게 되는 것은, 진정한 영적 교제를 발전시키기 위해서는 항상 바깥 원에서 시작하여 점점 안으로 들어가야 한다는 점입니다. 우리는 상대방과 먼저 친교 또는 영적 교제를 갖지 않고서는 그와 영적 친밀 관계를 발전시킬 수 없습니다. 그리고 그와 사교적 관계를 발전시키지 않고는 영적 교제를 발전시킬 수 없습니다. 사교적 관계가 있어야 영적 교제가 가능하고, 영적 교제가 있어야 영적 친밀 관계가 가능한 것입니다. 이처럼 교제의 사교적 차원은 영적 교제와 개인적 친밀 관계를 발전시킬 수 있는 보다 큰 장을 제공합니다.

앞에서 언급한 예를 생각해 봅시다. "주님께서는 최근 당신에게 무엇을 가르쳐 주고 계십니까?" 만일 그 사람과 사교적 관계를 발전시키는 시간을 갖지도 않고, 다짜고짜 이런 질문을 했다면, 아주 무례하고 건방지고 어쩌면 공격적으로 받아들여질 수도 있었을 것입니다. 나는 이런 질문을 통해 그 사람과 나와의 교제가 사교적 교제의 차원을 넘어 영적 교제의 차원으로 들어갈 수 있는지 알아본 것입니다. 나는 지금 당신이 맨 바깥 원에 있는 모든 그리스도인들과의 관계를 발전시켜 안쪽에 있는 그 다음 원으로 들어가기를 힘써야 한다고 제안하고 있는 것은 아닙니다. 수많은 사람들과 영적으로 깊은 관계를 맺을 수 있는 능력을 가진 사람은 아무도 없습니다. 여기서 말하고자 하는 바는, 자신이 만나고 있는 그리스도인들 중에서 몇 명과는 계속 관계를 발전시켜 점점 안쪽의 원으로 나아가라는 것입니다.

교제의 사교적 측면은 중요합니다. 이는 반드시 교제의 영적인 차원과 균형을 유지해야만 합니다. 무엇보다 먼저, 사교적 교제가 성경적 교제의 일부분임을 이해하는 것이 필요합니다. 사교적 교제는 성숙한 그리스도인의 삶의 중요한 일면입니다.

이 사교적 교제에서 큰 기여를 하는 은사를 지닌 사람도 있습니다. 식사 준비를 위해 섬기는 사람도 있고, 교회학교 소풍을 계획하고 진행하는 데 큰 능력을 발휘하는 사람도 있고, 수양회 등에서 레크리에이션 시간을 잘 인도하는 사람도 있습니다. 그들은 하나님께서 주신 숙달된 재능으로 그런 일을 잘 감당합니다. 이러한 일은 교제의 영적 차원을 고양시키는 데 큰 기여를 합니다. 이러한 활동이 하나님의 영광을 위해 이루어질 때, 그것은 하나님께만 중요한 게 아니라 우리에게도 중요합니다.

예수님께서 라오디게아 교회에게 말씀하셨듯이, 예수님께서는 우리를 자기와의 식사에 초청하십니다. "볼지어다. 내가 문 밖에 서서 두드리노니, 누구든지 내 음성을 듣고 문을 열면 내가 그에게로 들어가 그로 더불어 먹고 그는 나로 더불어 먹으리라"(요한계시록 3:20). 당시 문화에서 함께 식사를 한다는 것은 교제를 갖는다는 것이었습니다. 예수님께서는 이러한 기회를 단지 일상적인 사회적 관계를 갖거나 함께 식사하며 즐거운 대화를 나누는 시간만이 아니라, 그보다 더 깊은 영적 교제의 차원으로 나아갈 수 있는 기회로 간주하셨습니다. 예수님께서는 함께 먹는다는 것을 비유로 사용하여 라오디게아 신자들을 회개와 교제의 회복으로 부르셨습니다. 이를 통해 하나님의 나라에서의 사교적 교제의 정당성과 가치를 명확히 보여 주셨습니다.

끝맺는 말

　그리스도인의 교제에 대한 이 연구에서 우리는 여러 가지 주제를 다루었습니다. 교제가 우리와 하나님 및 다른 모든 신자들과의 객관적 관계에 대한 다양하고도 역동적인 표현임을 알았습니다. 교제는 서로 돌보는 공동체요, 복음 안에서의 동역이요, 영적으로 서로 세워 주는 것이며, 물질적으로 서로 나눠 주는 것임을 보았습니다. 함께 고난받는 것, 서로를 섬기는 것, 몸 전체의 유익을 위하여 자신의 영적 은사를 사용하는 것 등은 모두 진정한 성경적 교제의 표현입니다. 이렇게 다양한 주제를 어떻게 하면 한데 묶을 수 있겠습니까? 교제에 대하여 배운 모든 것을 실제 삶에 적용할 수 있게 해 주는 개념이 없을까요?

　예, 있습니다. 일상생활 속에서 신자들 간의 경험적 교제의 기초는 로마서 12:5 말씀 속에 나타납니다. "이와 같이 우리 많은 사람이 그리스도 안에서 한 몸이 되어 서로 지체가 되었느니라." 서로 지체가 되었다는 말씀에 주목하기 바랍니다. 우리는 서로가 서로에게 속해 있으며, 각 사람에게는 다른 모든 사람이 필요합니다. 서로가 서로에게 속해 있다는 것은 서로가 서로에 대해 '소유권'을 가지고 있다는 말입니다. 나는 당신에게 속해 있고, 당신은 나에게 속해 있습니다. 나는 당신의 것이고, 당신은 나의 것입니다. 우리는 각기 전 세계 모든 신자에게 속해 있고, 또한 그들은 우리에게 속해 있습니다. 이처럼 우리가 서로에게 속해 있다는 사실은 외적으로 다양한 교제의 요소를 모두 한데 묶어 주는 끈이 됩니다. 서로 지체로서 서로에게 속해 있다는 사실을 알고 적용해 감에 따라 진정으로 서로를 사랑하고 돌보게 될 것입니다. 영적 나눔을 통해 서로 세워 주기를 힘쓸 것이며, 서로의 물질적 필요를 채워 줄 것입니다. 사교적 교제의 시간에는 서로를 즐거워할 것입니다. 그리고 시련을 당할 때에는 서로와 고통을 나눌 것입니다. 이러한 교제의 모든 면은 우리가 서로 지체이며 서로에게 속해 있다는 말씀에 뿌리를 두고 있습니다.

그러므로 성경적 교제의 이 여러 영광스러운 요소를 그저 그리스도인의 삶에서 치러야 할 긴 의무 목록으로만 보지 마십시오. 교제의 객관적 본질에 집중하십시오. 즉 우리는 그리스도 안에서 서로 지체이며 서로에게 속해 있다는 사실입니다. 그럴 때 이러한 성경적 교제의 다양한 표현이 우리의 삶 속에서 더욱 자연스럽게 나타나게 될 것입니다. 이를 통해 초대 교회 신자들이 왜 교제에 자신을 헌신했는지를 이해하게 될 것이며, 오늘날 우리도 교제의 참된 기쁨을 경험하게 되리라 확신합니다.

진정한 교제

초판 1쇄 발행 : 1995년 4월 10일
개정 1쇄 발행 : 2022년 7월 1일
개정 3쇄 발행 : 2023년 7월 5일

펴낸곳 : 네비게이토 출판사 ⓒ
주소 : 03784 서울시 서대문구 연희로 16 (창천동)
전화 : 334-3305(대표), 334-3037(주문), FAX : 334-3119
홈페이지 : http://navpress.co.kr
출판등록 : 제10-111호(1973년 3월 12일)
ISBN 978-89-375-0632-1 03230

본 출판사의 서면 허락 없이는 본서의 전부 또는
일부의 무단 복제, 또는 원문에 대한 무단 번역을 금합니다.